PE. ROBERTO NENTWIG

CATEQUESE NO MUNDO COMUNICACIONAL

KARINA DE CARVALHO

Colaboração no capítulo 4

EDITORA VOZES

Petrópolis

Rua Frei Luís, 100
25689-900 Petrópolis, RJ
www.vozes.com.br
Brasil

Diagramação: Victor Mauricio Bello
Revisão gráfica: Licimar Porfirio
Capa: Ygor Moretti

ISBN 978-85-326-6478-5

Editado conforme o novo acordo ortográfico.

Este livro foi composto e impresso pela Editora Vozes Ltda.

SUMÁRIO

SIGLAS E ABREVIATURAS

CT	— Exortação Apostólica *Catechesi Tradendae*	— JOÃO PAULO II
DAp	— Documento de Aparecida	— CELAM
DCE	— Carta Encíclica *Deus Caritas est*	— BENTO XVI
DGC	— Diretório Geral para Catequese	— SAGRADA CONGREGAÇÃO PARA O CLERO
DNC	— Diretório Nacional de Catequese	— CNBB
DV	— Dei Verbum	— CONCÍLIO VATICANO II
EG	— Exortação Apostólica *Evangelii Gaudium*	— FRANCISCO
GE	— Exortação Apostólica *Gaudete et Exsultate*	— FRANCISCO
GS	— Constituição Pastoral *Gaudium et Spes*	— CONCÍLIO VATICANO II
RM	— Encíclica Redemptoris Missio	— JOÃO PAULO II
VD	— Exortação Apostólica *Verbum Domini*	— BENTO XVI

APRESENTAÇÃO

A iniciação à vida cristã inspira-se no catecumenato da Igreja antiga. O termo *catecumenato* significa *lugar onde se ecoa a Palavra de Deus*. Sendo assim, há uma relação profunda entre o processo iniciático e a comunicação, entendida aqui como eco da voz do Senhor. A catequese, a serviço da iniciação, é um dos elementos fundamentais deste processo, sendo ela a comunicação da salvação trazida por meio de Jesus Cristo.

Este livro se propõe a tratar da relação profunda que existe entre iniciação à vida cristã, catequese e comunicação. São três elementos que se ligam a partir de sua essência. Porém, a cultura atual traz um tempero a mais: vivemos em um *bios comunicacional*, ou seja, o nosso tempo somente pode ser compreendido a partir do contexto novo trazido pela influência da tecnologia das últimas décadas, aquela que nos mergulhou num mundo de relações profundamente comunicacionais.

Estamos em um contexto de mudança de época[1], mas certamente esta mudança é marcada, sobretudo, pela influência do mundo digital. Se na Antiguidade o ser humano habitava a ágora grega, se habitou os feudos e as igrejas medievais, se foi para as ruas exigir direitos na modernidade, hoje, esconde-se. Torna-se anônimo no meio da massa ou reside nos modernos condomínios. Por outro lado, há também um esconderijo que paradoxalmente o expõe: o mundo virtual, a nova ágora, lugar de afirmação de indivíduos que encontram espaço para ter voz e vez ou, talvez, apenas horizonte de entretenimento. A internet é oportunidade de aproximação e de distanciamento, de oração e também de hedonismo, de diálogo, mas também de guerra. Como podemos sobreviver neste mundo tão ambíguo?

O texto que se apresenta procura indicar pistas para que o cristão adulto em sua fé possa viver inserido neste universo, que chamaremos aqui de *mundo comunicacional*. O objetivo deste livro é trazer uma reflexão muito próxima dos agentes da iniciação à vida cristã, especialmente os catequistas[2]. A inspiração para este trabalho foi o IX Sulão de Catequese, realizado em Florianópolis em junho de 2017. O evento teve como tema *Comunicação no processo de iniciação à vida cristã*, tendo como lema: "Senhor, todos te procuram" (Mc 1,37)[3]. Parece haver um reconhecimento por parte dos agentes da catequese de que este tema é de primordial importância.

O primeiro capítulo deste livro trata da comunicação a partir da pessoa de Jesus Cristo, o comunicador do Pai. Se todos procuram o Senhor (cf. Mc 1,37), é porque ele é um comunicador

1. Cf. DAp, n. 44.

2. Embora o nosso foco principal neste livro seja o catequista, entendemos que as reflexões aqui contidas podem ajudar todos os demais agentes da iniciação à vida cristã.

3. O Sulão é um evento reflexivo trienal que reúne lideranças do âmbito da animação bíblico-catequética dos estados do Rio Grande do Sul, Santa Catarina, Paraná, São Paulo e Mato Grosso do Sul.

cativante. Ele que é o ponto alto da comunicação divina é a referência máxima para que possamos refletir sobre a nossa comunicação no âmbito iniciático.

No segundo capítulo, seguimos na revelação Bíblica. Já tendo falado de Jesus Cristo, o comunicador divino, procuraremos tratar de alguns personagens importantes da Escritura, na perspectiva da comunicação. Escolhemos oito personagens, procurando indicar pistas concretas para o mundo da iniciação à vida cristã a partir do modo como eles comunicaram a Palavra de Deus.

No terceiro capítulo, trataremos especificamente do mundo comunicacional. Mesmo já tendo indicado implicações práticas para a catequese a serviço da iniciação à vida cristã, partindo de Jesus Cristo e de outros personagens bíblicos, achamos por bem aprofundar o tema. Neste capítulo, considera-se este contexto profundamente comunicacional, tratando dos desafios e das oportunidades que se apresentam para a evangelização.

O quarto capítulo é uma contribuição preciosa da jornalista Karina de Carvalho. A autora aprofunda o tema do mundo digital. Esta temática já é considerada nos capítulos anteriores, porém aqui é tratada de modo mais concreto, com exemplos bem práticos sobre o uso dos instrumentos provenientes dessa cultura digital no contexto da catequese: o *smartphone*, a internet, os jogos digitais, as dinâmicas, os vídeos e as músicas.

Em todo o percurso, trataremos de modo crítico sobre o mundo comunicacional, procurando apontar luzes para o discernimento diante de sua ambiguidade. É preciso considerar, sobretudo, que este novo contexto afeta as relações humanas no âmbito antropológico, social, político e eclesial. E, ainda, é necessário considerar que a catequese encontra-se mergulhada neste contexto em que precisa, constantemente, ampliar sua prática à luz da dinâmica comunicacional presente na Palavra de Deus para promover a iniciação à vida cristã.

1

JESUS, O COMUNICADOR DO PAI

Jesus Cristo é o nosso modelo, o exemplo de comunicador, a comunicação por excelência. Neste primeiro capítulo, iremos indicar alguns aspectos da comunicação de Jesus Cristo, procurando tirar algumas implicações para o contexto da catequese e da iniciação à vida cristã. Mas, antes de entrar no tema, vejamos como Deus se comunica.

1.1 DEUS É COMUNICAÇÃO

Para começo de conversa, procuremos entender a origem de algumas palavras importantes. O termo *comunicação* vem de *comunicare*, que significa *tornar comum*. Para falar da comunicação divina, a teologia utiliza o termo *revelação*, do grego *apokalypsis*, *epiphaneia* e, do latim, *revelatio*, *manifestatio*. Assim, revelação significa *descobrir*, *tirar o véu*, revelando quem é Deus, qual é a sua vontade. Deus torna comum o seu próprio ser.

A revelação é pura iniciativa do Senhor. Nós chegamos a Deus porque Ele se dá a conhecer. No começo havia silêncio, então Deus pronunciou a sua Palavra, fazendo surgir a criação: "Faça-se!" (Gn 1,1). Na comunicação-revelação divina, o que é oculto, transcendente, é manifestado. Isso se dá de diversos modos, como vemos na Bíblia: Deus se comunica em experiências da natureza (tempestades, terremotos...), nas experiências *numinosas* (quando o ser humano fica extasiado diante do poder divino), na palavra profética. Para chegar ao seu povo, Deus se utiliza de mediadores, seus eleitos: Moisés, os juízes, os profetas...

O ponto mais alto da comunicação divina é *Jesus Cristo*. Não existe maior revelação do que a pessoa de Jesus Cristo, sua vida, morte e ressurreição. Este ponto alto da comunicação divina é chamado por São Paulo de *mistério* (cf. Rm 3,21; 16,26). Partindo da ideia de que revelação é *tirar o véu*, é interessante perceber que um véu é algo que encobre, mas deixa um pouco de mistério. Quando se vai tirando a cortina, o que está oculto vai se tornando manifesto. É assim que Deus se comunica: Ele que habita em luz, em um espaço que nenhum ser humano pode ver (cf. 1Tm 6,16), deixa-se conhecer, tira-se o véu e mostra-se o seu mistério de salvação outrora escondido.

Não podemos perder de vista o termo *mistério*. Se for um mistério, mesmo que Deus se dê a conhecer, o ser humano não pode saber tudo sobre ele, não podemos reduzi-lo às categorias humanas. Deus permanece sempre como um desconhecido, um mistério que eu posso desvelar de algum modo, mas sempre fica muita coisa oculta. Nós não podemos controlar o mistério divino, não temos esta possibilidade, pois somos meras criaturas.

Deus tem um modo muito especial de se comunicar, e este modo de comunicar é muito importante para a catequese. Vejamos o que diz a *Dei Verbum*, documento do Concílio Vaticano II:

> Aprouve a Deus na sua bondade e sabedoria, revelar-se a Si mesmo e dar a conhecer o mistério da sua vontade (cf. Ef 1,9), segundo o qual os homens, por meio de Cristo, Verbo encarnado, têm acesso ao Pai no Espírito Santo e se tornam participantes da natureza divina (cf. Ef 2,18; 2Pd 1,4). Em virtude desta revelação, Deus invisível (cf. Col 1,15; 1Tm 1,17), na riqueza do seu amor fala aos homens como amigos (cf. Ex 33, 11; Jo 15,14-15) e convive com eles (cf. Bar 3,38), para os convidar e admitir a comunhão com Ele. Esta "economia" da revelação realiza-se por meio de ações e palavras intimamente relacionadas entre si, de tal maneira que as obras, realizadas por Deus na história da salvação, manifestam e confirmam a doutrina e as realidades significadas pelas palavras; e as palavras, por sua vez, declaram as obras e esclarecem o mistério nelas contido[4].

---

4. DV, n. 2.

Tendo como base essa citação da *Dei Verbum*, podemos entender como Deus se revela:

- Deus não revela uma ideia ou uma lei, não se trata de uma doutrina difícil de entender, mas Ele comunica Ele mesmo de um modo concreto.
- A revelação é comunicação e autodoação de Deus em Jesus Cristo na história por meio de acontecimentos e palavras. Este binômio é muito importante para entender que a revelação divina, bem como a catequese, precisam mais do que palavras, pois é fundamental que as palavras estejam unidas aos gestos.
- Existe um hoje na comunicação de Deus. Não se trata de uma história do passado, a Palavra de Cristo permanece sempre atual. Ao longo da história, todos necessitam da comunicação divina, todos podem acolher a salvação como dom em suas vidas, no concreto da existência. No íntimo de cada ser humano há um anseio de paz, completude, sentido.

Podemos afirmar que o Deus Trindade é plena comunicação. Cremos num Deus único, que não é uma solidão, mas, sim, uma comunicação. Comunicação entre as pessoas divinas, comunicação com o mundo e com a humanidade. Deus é sempre abertura. O Pai aberto a criar, o Filho a revelar, a salvar, o Espírito a inspirar e a moldar como um escultor que trabalha para que a criação se torne a realização do sonho do Pai – o mundo novo. O Pai se abre ao gerar e ao enviar o seu Filho, o Filho se abre respondendo ao amor do Pai, realizando sua vontade, concretizando o Reino, oferecendo a vida. O Espírito é esta comunicação de amor entre o Pai e o Filho.

Se Deus nunca se fecha, o ser humano se fecha, por vezes. Fecha-se à escuta da verdade, fecha-se ao diferente, fecha-se ao outro, fecha-se àquilo que causa estranheza, fecha-se ao novo, fecha-se ao desafio. A vida é uma aventura linda, não pode haver resistências que levam ao egoísmo e ao isolamento. Esta abertura que chamamos de acolhida é necessária. Quem é iniciado na fé cristã acolhe a comunicação divina e, depois, torna-se uma testemunha das palavras e obras de Deus, reveladas em Jesus. A grande comunicação é a salvação, em primeiro lugar, daquela salvação que foi experimentada pela própria vida de quem comunica. Por isso, a catequese é a comunicação de uma experiência do catequista.

– O que é comunicado? O Mistério Divino, o Evangelho, a Palavra, a vontade de Deus.
– Quem comunica? Deus mesmo e, depois, suas testemunhas.
– Quem recebe a comunicação? O ouvinte-interlocutor da Palavra é o ser humano, aquele em quem opera o Espírito Santo para que a comunicação divina seja recebida.
– Como Deus se comunica? Deus se comunica de um modo concreto, na história, por acontecimentos e palavras.
– Qual é a finalidade da comunicação? Fazer comunhão com os seus filhos e torná-los felizes.

1.2 JESUS É A PALAVRA DO PAI

Dissemos anteriormente que Jesus é o ponto mais alto da comunicação divina. Vamos, agora, aprofundar essa afirmação.

Deus que falou de tantas maneiras, agora fala pelo seu Filho (cf. Hb 1,1s.). Ele, que se tornou carne, é a imagem visível do Deus invisível (cf. Jo 1,14; Cl 1,15-20; 2Cor 4,4). Os discípulos demoraram a entender isso, como podemos constatar na conversa de Filipe com Jesus, quando pede a Ele que lhe mostre o Pai referindo-se a Deus. Isto o faz porque Deus e Pai são termos que coincidem nos textos do Novo Testamento. A resposta conclusiva de Jesus é muito clara: "Há tanto tempo que estou convosco e não me conheceste, Filipe! Aquele que me viu, viu também o Pai. Como, pois, dizes: Mostra-nos o Pai... " (Jo 14,8-9). Assim, deixa claro a todos que aquele homem de Nazaré, que vivia com os discípulos, é quem nos revela Deus.

O que entendemos quando dizemos a palavra *Deus*? Parece ser uma pergunta fácil de ser respondida. Mas, é preciso ter em conta que Deus é transcendente, ou seja, Ele pertence a uma realidade muito superior à nossa e, portanto, não podemos ter um acesso pleno ao conhecimento do seu ser. A única maneira de este *ser transcendente* se comunicar é se tornando concreto, fazendo-se história. Quando olhamos para a pessoa de Jesus, quando lemos as páginas do Evangelho, Deus não é uma ideia, um conceito metafísico, abstrato. Ao contrário, é fácil de entender a mensagem, porque Jesus é uma pessoa como a gente, revela-se em gestos humanos: palavras compreensíveis e gestos do cotidiano, como conversar, comer, caminhar.

Os filósofos antigos diziam que Deus é um *ser absoluto,* um *motor imóvel*, um ser que não está preocupado com os seres humanos, bem diferente do Deus de Jesus Cristo. Também os catecismos da Idade Moderna tentavam dar uma definição de Deus: "Deus é um ser perfeitíssimo, criador do Céu e da terra". Hoje, a teologia e a catequese estão mais conscientes de que não é possível mais explicar Deus, tentar colocá-lo dentro de uma ideia, de um conceito. Hoje redescobrimos a importância de falar da pessoa de Jesus de Nazaré para comunicar quem é Deus, sem já ter uma ideia preconcebida sobre a divindade. Se quisermos saber sobre Deus, antes de procurarmos uma definição nos filósofos ou nos catecismos antigos, devemos olhar para a pessoa de Jesus, pois Ele é o revelador de Deus (cf. Jo 1,18). E por que este é o melhor caminho? A resposta é simples: somente podemos falar de Deus a partir do humano, com linguagem humana. O que não é humano, não nos toca.

Nesse sentido, é importante resgatar o significado do termo *Dabar* (Palavra). Na tradição bíblica, *Palavra* não significa um conceito, mas uma *palavra-ação*: Deus diz e faz ao mesmo tempo, como se vê no relato da criação do mundo (cf. Gn 1,1-31). A encarnação é o cumprimento mais sublime do significado de *Dabar*: Jesus Cristo profere palavras e, ao mesmo tempo, é a Palavra de Deus. Portanto, Ele não é um guru que profere oráculos nem um intelectual sofisticado, mas um Mestre que revela de um modo muito simples a verdade de Deus sobre o ser humano. Como *Dabar*, Palavra divina, Jesus é o profeta do Pai e, ao mesmo tempo, é o realizador da vontade do Pai. Jesus, do mesmo modo que o Criador das origens, fala e faz, pronuncia e cumpre.

Às vezes nos preocupamos em aprender os ensinamentos orais de Jesus, mas devemos igualmente prestar atenção nos seus gestos: Jesus é um anunciador global, alguém que une palavras e sinais, mensagem e ação, espírito e comunicação corpórea. Os evangelhos atribuem a Cristo verbos expressivos: dizer, falar, fazer, escutar, ver, ir, caminhar, sair, entrar, chorar, exultar, gritar, confiar... Um bom modo de entender a Bíblia é prestar atenção nesses verbos.

É preciso ainda dizer que Jesus não fala a partir de si mesmo, não recebe dele mesmo a revelação divina. Ele sempre está em diálogo com o Pai. Ele se mantém *parceiro humano* no seu diálogo com o Pai. Como qualquer ser humano, Ele sente necessidade de falar com Deus, por isso aparece em vários momentos orando (cf. Lc 5,16; Mt 11,25-27; Lc 22,41-42). No coração da espiritualidade de Jesus encontra-se a consciência de Deus como alguém próximo. A forma como Jesus utiliza a íntima palavra familiar *Abbá* (papaizinho) revela-nos que Deus está bem perto dele. Assim que Jesus revela Deus: *Ele está no meio de nós!* Jesus reconhece a presença de Deus aqui e agora, sente sua proximidade, escuta o que Deus está a lhe falar, depois comunica esta mesma proximidade bondosa a nós.

É interessante observar que nos textos do Evangelho, o Pai não fala, somente o Filho fala. Quando a voz do Pai aparece é para dizer uma única coisa: "Escutem o meu Filho" (Mt 3,17). Pode-se dizer que o Pai não se manifesta para dizer algo novo, mas para confirmar que a comunicação que Ele deseja vem pelo seu Filho amado.

Diante de tudo isso, podemos nos perguntar sobre a tarefa da catequese. Como nos diz o Papa São João Paulo II, a catequese tem a finalidade de comunicar a pessoa de Jesus. A catequese de inspiração catecumenal tem como tarefa essencial narrar este Jesus, nada é mais importante do que isso, pois Jesus nos revela Deus e nos revela qual é o sentido de nossa vida.

> Deseja-se acentuar, antes de mais nada, que no centro da catequese encontramos essencialmente uma Pessoa: a Pessoa de Jesus de Nazaré, "Filho único do Pai, cheio de graça e de verdade" que sofreu e morreu por nós, e que agora, ressuscitado, vive conosco para sempre. Este mesmo Jesus que é "o Caminho, a Verdade e a Vida", e a vida cristã consiste em seguir a Cristo [...]. A finalidade definitiva da catequese é a de fazer que alguém se ponha, não apenas em contato, mas em comunhão, em intimidade com Jesus Cristo: somente Ele pode levar ao amor do Pai no Espírito e fazer-nos participar na vida da Santíssima Trindade[5].

Jesus é a Palavra do Pai. Ele que é Deus, é também homem. Por isso, podemos conhecer quem é Deus de um modo concreto, na história de uma pessoa – Jesus de Nazaré. Jesus é a Palavra do Pai. Ele expressa em suas palavras e gestos o que é comunicado do alto, pois Jesus está em constante diálogo com o Pai.
E a catequese? A catequese deve comunicar as palavras e os gestos de Jesus. Deve não somente falar, pois a verdadeira catequese é um ato, uma ação. Conhecemos a Deus escutando e fazendo, unindo, como em Jesus, palavras e ações.
E o catequista? É aquele que, a exemplo de Jesus, escuta a voz do Pai.

5. CT, n. 5.

1.3 JESUS REALIZA UMA COMUNICAÇÃO CORPÓREA

Como vimos, Jesus é a Palavra do Pai, a comunicação de Deus, mas não porque enuncia conceitos, e sim pelos seus gestos unidos às suas palavras. Isso somente é possível porque Jesus é um ser humano como nós. De fato, O Concílio de Calcedônia (451) afirmou a síntese do dogma sobre Jesus Cristo, deixando claro que *Ele é verdadeiramente Deus e verdadeiramente homem.* A declaração da Igreja significa que Jesus assumiu radicalmente a condição humana, tornou-se em tudo igual a nós, menos no pecado. O Verbo que era intocável nos Céus, faz-se carne, é agora corpo e habita entre nós (cf. Jo 1,14). Deste modo, a salvação passa pela matéria, não é apenas algo espiritualizado como queriam alguns hereges da antiguidade.

Na história da Igreja, tivemos ensinamentos distorcidos que procuravam defender que Deus não assumiu com radicalidade a carne, a matéria. Essas teorias ainda influenciam negativamente a espiritualidade e a catequese. Ainda hoje, vemos uma tendência dualista, ou seja, a crença de que o corpo e as coisas materiais são más e a salvação só está lá em cima no Céu. Junto deles estão os chamados *gnósticos*, aqueles que preferem a reflexão sobre as coisas divinas do que o encontro de Deus na vida, nas realidades terrenas. Sobre isso, já nos alerta o Papa Francisco:

> Graças a Deus, ao longo da história da Igreja, ficou bem claro que aquilo que mede a perfeição das pessoas é o seu grau de caridade, e não a quantidade de dados e conhecimentos que possam acumular. Os "gnósticos", baralhados neste ponto, julgam os outros segundo conseguem, ou não, compreender a profundidade de certas doutrinas. Concebem uma mente sem encarnação, incapaz de tocar a carne sofredora de Cristo nos outros, engessada numa enciclopédia de abstrações. Ao desencarnar o mistério, em última análise preferem "um Deus sem Cristo, um Cristo sem Igreja, uma Igreja sem povo"[6].

O termo *carne,* na Bíblia, está associado à fraqueza. Já no Antigo Testamento, a carne expressa a curta duração do homem (cf. Gn 6,3; Is 40,6), sua debilidade (cf. Sl 55,5; Is 31,3), uma realidade que se estraga depois da morte (cf. Sl 78,39). Logo, quando dizemos que o "Verbo se fez carne" (Jo 1,14) significa que Ele se fez fraqueza.

Porém, como podemos dizer que Deus é fraco? Não dizemos em nossas orações que Deus é todo poderoso? É preciso levar em consideração que o Verbo, ao assumir a humanidade, ficou privado do seu poder, não fazendo do seu ser igual a Deus uma usurpação, como nos diz São Paulo: "sendo ele de condição divina, não se prevaleceu de sua igualdade com Deus, mas aniquilou-se a si mesmo, assumindo a condição de escravo e assemelhando-se aos homens" (Fl 2,6-7). Ele se esvazia de seu poder, vivendo a condição humana com toda a profundidade, sendo igual a nós em tudo, exceto no pecado (cf. Hb 4,15).

Na Antiguidade, para não negar a divindade de Jesus, alguns pensaram que era preciso atribuir ao Filho tudo aquilo que não poderia faltar ao Pai que habita nos Céus. Por isso, chegou-se a afirmar que Jesus não sofria, não ficava doente, não tinha dor alguma. Hoje, com tantas mudanças culturais que presenciamos, é necessário que a catequese fale de um

6. GE, n. 37.

Deus mais humano e frágil, que nos entende como seres cheios de fragilidades. Por isso, a catequese não pode falar de Jesus deixando de fora as fraquezas que são próprias da condição carnal do Verbo. Algumas delas são bem conhecidas: a sede diante da Samaritana, a fome diante do tentador, as lágrimas diante do túmulo de Lázaro, a ansiedade diante da morte. É muito bonito saber que Deus se comunica como alguém mais humano, mesmo frágil, mais desarmado e menos poderoso do que se pregava no passado. Do contrário, Jesus seria um *avatar de Deus*, um deus que estaria brincando de ser Deus.

Ao falar tudo isso, não estamos depreciando a imagem de Deus. Nem mesmo estamos depreciando a carne, a humanidade. Se a catequese tratar dos limites da carne, ao falar de Deus, está afirmando que este Deus se tornou próximo, palpável. O Deus de Jesus Cristo se revela (se comunica) na fraqueza, pois esta é a condição básica de toda pessoa humana.

Sem essa fragilidade assumida não seria possível comunicação alguma, nós simplesmente não entenderíamos a sua mensagem. Como consequência desta afirmação, podemos dizer que o corpo é um sacramento que comunica Deus. Não temos uma religião espiritualizada, mas corpórea, carnal. Uma catequese fiel à mensagem cristã somente poderá falar de Deus por meio daquilo que é palpável, somente poderá comunicar Jesus Cristo a partir de sua humanidade corpórea. Do mesmo modo, os sacramentos são sinais concretos, sensíveis, da graça de Deus. Sem ver, tocar, cheirar, dançar, abraçar, não seria possível a vivência de nossa fé.

Por fim, resta dizer que Jesus se comunica cuidando da fraqueza humana da carne. E como Ele faz isso? Sua atitude é tocar e cuidar dos corpos em suas necessidades. Ele se preocupa com o ser humano em sua integridade, sente compaixão em seu coração e alivia o sofrimento das pessoas. Jesus sempre deseja ardentemente recuperar as pessoas: que os cegos vejam, que os surdos escutem, que os excluídos se integrem na comunidade, que os mortos recuperem a vida (cf. Mt 11,5; cf. Is 61,1; 42,18). Bonito perceber os gestos corpóreos de Jesus: toca e abençoa as crianças (cf. Mc 10,13-16), toca a mão de uma menina (cf. Mc 5,41), estende a mão e toca o leproso (cf. Mt 8,3), se deixa ser tocado por uma mulher de má fama (cf. Lc 7,37-39), sopra para comunicar o Espírito (cf. Jo 20,22). Existem tantos outros gestos corpóreos e significativos...

Jesus mudou a maneira de encontrar Deus. Se Deus se revela na fraqueza, cada pessoa encontra Deus na medida em que é solidário com a fraqueza. O caminho para encontrar Deus é se aproximar da fraqueza, dor, sofrimento, pobreza. Antes, aproximar-se de nossa própria miséria, sem negar nossas fragilidades, depois se aproximar das fragilidades humanas de todos os que se abeiram no caminho. O caminho para comunicar Deus é também a concretude dos gestos corpóreos de amor e ternura.

Deus se comunica na fraqueza da carne.
Uma boa catequese comunica Deus falando de um Jesus humano na carne e realizando gestos concretos comunicadores do amor de Deus.

1.4 JESUS COMUNICA FELICIDADE

Jesus comunica uma boa notícia feliz. Basta dizer que o termo *Evangelho* significa *boa notícia*. E que boa notícia o Senhor nos traz? Jesus comunica o *Reino de Deus*, a palavra que mais apareceu nos seus lábios, o termo mais frequente em suas pregações. Sua missão se realiza na concretização do Reino (cf. Mc 1,15).

Jesus chama Deus de um modo carinhoso, Ele diz *Abbá*. Esse é o modo como as crianças que ainda não sabem falar costumam chamar o seu pai. Ou seja, Jesus nos comunica que entre nós e Deus deve haver a mesma relação de uma pequena criança com seu pai e sua mãe. Isso é muito profundo. O que Jesus está comunicando é que *Deus é* bom. E se Deus é bom, Ele quer apenas coisas boas para os seus filhos. O resumo de toda bondade desejada para nós se chama Reino. Por isso, da bondade de Deus brota o Reino de felicidade.

O Reino de Deus é uma aspiração, uma expectativa que se encontra no coração dos interlocutores de Jesus. Ele se aproveita, por assim dizer, dessa expectativa, reforçando nos ouvintes a esperança do desejo que há no profundo de cada um dos que se aproximavam daquele pregador itinerante da felicidade.

Ao ser uma resposta às expectativas dos pequenos e sofredores, o Reino apresenta-se como um programa concreto de vida, não uma teoria. Quando os discípulos de João perguntam se Jesus era o Messias, a resposta é desconcertante. Se João Batista preferia a ameaça aos pecadores (cf. Mt 3,7-10; Lc 3,7-9), Jesus comunica que sua missão se traduz em suas ações, ações de amor, de bondade (cf. Lc 7,18; Mt 11,2). Portanto, o Reino de Deus é uma comunicação concreta de felicidade.

No início da vida pública, Jesus, ungido pelo Espírito, comunica o seu programa de vida, atualizando a leitura do Antigo Testamento (cf. Lc 4,16-21). O Evangelho deixa claro que o Espírito faz dele um comunicador da libertação: Boa Nova aos pobres, liberdade aos cativos, luz aos que não enxergam. Ele veio para proclamar o ano da graça, da misericórdia, da salvação. Interessante observar que Jesus, ao costume judaico, abre o livro para proclamar solenemente, escolhendo um texto do profeta Isaías, no capítulo 61. Contudo, Jesus o lê ao seu modo, ou melhor, ao modo do Espírito, deixando de lado parte do versículo 2 que diz: "proclamar um dia de vingança do nosso Deus". Isso mesmo, Jesus escolhe os versículos que estão no espírito do Novo Testamento, pois agora não cabe mais falar do *Deus violento, guerreiro, armado e vingativo*. Jesus não se dedica a fazer condenações, imposições, não deseja impor culpas. O mesmo Espírito de Jesus, portanto, inspira a catequese a comunicar um Evangelho libertador, uma religião do amor, um Reino de paz, justiça e felicidade.

Jesus não comunicou uma lei fria, escravizante, ao contrário, prefere comunicar *bem-aventuranças* (cf. Mt 5,1-12; Lc 6,20-22). Jesus fala da felicidade dos famintos, dos que choram, dos que são perseguidos, dos pobres. Como pode ser isso? Primeiramente, bem-aventurança é a luta contra a dor. Deus não quer a pobreza, a doença, a morte. Temos que lutar contra as misérias humanas, promover a justiça, o bem estar de todos. Porém, essa luta contra o sofrimento exige de cada um de nós. Isso nos tira da ilusão de uma felicidade egoísta, pois ninguém é feliz buscando a sua própria felicidade. O único sofrimento que Deus tolera é aquele que advém da luta contra o próprio sofrimento[7]. Pode haver uma criança doente, mas existe a bem-aventurança de uma mãe que a cuida com carinho. Pode haver injustiças de todas as ordens, mas existe a bem-aventurança dos que não se calam, dos que se engajam na luta pela justiça. Existe muito ódio, mas existe a bem-aventurança dos que espalham amor, mesmo com lágrimas.

Comunicar uma bem-aventurança é mais do que pregar exigências baseadas na lei. O Evangelho diz que Jesus veio para dar pleno cumprimento da lei (cf. Mt 5,17). De que se trata este pleno cumprimento? Certamente, Jesus veio comunicar a verdadeira lei, o que realmente é importante para a tradição do Antigo Testamento e, sobretudo, para o Novo Testamento. E o que importa não é o cumprimento de exigências morais como garantias automáticas da salvação, não é o seguimento estrito dos rituais religiosos, não é a coleção de preceitos já enunciados pela lei. O que é realmente importante é Deus que se encontra no humano. Por isso, vai promulgar máximas que se referem ao respeito da humanidade das pessoas, isso sim agrada a Deus. Os fariseus se apegavam nas 613 leis, compostas por 248 preceitos e 365 proibições. São leis e preceitos que iniciam pelas expressões *não* ou *deves*. Jesus substitui o *não* e o *deves* por *amarás*. O grande desafio do Evangelho é substituir a obediência e a submissão religiosa pelo *imperativo do amor*. Quando amamos, já estamos vivendo toda a lei. Quem não se deixa tocar pelo amor pode facilmente recorrer ao recurso do legalismo e da estrita observância para sentir a consciência tranquila.

Essa comunicação amorosa da felicidade que Jesus veio nos trazer não despreza os lugares da festa, da alegria e mesmo do prazer. Jesus comunicou a Boa Nova dentro de contextos que ainda hoje consideramos muito profanos. Neste sentido, Jesus não segue a linha ascética de João Batista, tão pouco é um asceta do deserto. A ascética, ainda hoje, relaciona-se às práticas de renúncia, mortificações e penitência que, certamente, têm a sua validade. Porém, é preciso ter ciência de que Jesus preferia a promoção do gozo da vida, comunicava com suas palavras e gestos concretos a importância de usufruir da vida. Por isso, chegou mesmo a ser identificado como um homem de má reputação: "Com efeito, veio João, que não come nem bebe, e dizem: 'Um demônio está nele'. Veio o Filho do Homem, que come e bebe e dizem: 'Eis aí um glutão e beberrão, amigo de publicanos e pecadores'" (Mt 11,18-19).

O título de *glutão e beberrão* expressa bem o que deveriam pensar de seu modo de agir. De fato, Jesus não seguiu as normas religiosas relacionadas às refeições como defendiam os mestres da lei, nem mesmo seguiu as normas sobre o jejum (cf. Mc 2,18-22), nem sobre as purificações que deveriam ser realizadas (cf. Mc 7,1-7), nem sobre os alimentos puros e impuros (cf. Mc 7,17-23). A alimentação é um lugar muito importante para Jesus revelar valores importantes da felicidade do Reino de Deus: partilha, inclusão, alegria do convívio. Por isso, na parábola do Pai misericordioso, vemos que o Pai acolhe o seu filho em seu retorno com um banquete, roupas festivas, música e dança (cf. Lc 15,22-25): Jesus nos quer felizes e reconciliados, não como velhos filhos *reclamões* que se valem do fato de cumprir obrigações, como vemos na parábola.

---

7. Cf. CASTILLO, J. M. *Jesus:* a humanização de Deus. Ensaio de cristologia. Petrópolis: Vozes, 2015.

Jesus veio para comunicar felicidade, alegria, festa, bem-aventurança. Sua comunicação é boa notícia. Porém, sempre é recorrente o desejo de se comunicar, em nome da religião, a tristeza, o seguimento frio de normas, o zelo agressivo contra aqueles que não seguem tudo o que está prescrito. Está aqui uma boa reflexão aos catequistas! Que catequese queremos? Aquela que comunica a felicidade ou aquela que comunica tristeza, legalismo e culpa?

1.5 JESUS, COMUNICADOR PERSONALISTA E EMOCIONAL

A sociedade tradicional tem instituições sólidas, como a família, a religião, o Estado. É fato que vivemos uma crise institucional, ou seja, essas instituições que antigamente eram fortes estão sendo enfraquecidas. Não queremos aqui discutir o quão prejudicial é esta mudança, mas o que importa para a comunicação é que as relações que outrora eram institucionalizadas, agora são baseadas na relação *pessoal e emocional*: o que dá força às relações humanas são as recompensas que surgem a partir delas, o modo afetivo, atrativo e persuasivo de quem comunica uma mensagem[8]. Esta comunicação depende de pessoas que tenham sensibilidade, um fato que é muito importante para a catequese. Isso porque "cada pessoa é o que é sua sensibilidade"[9], e a catequese não pode ser a transmissão de uma ideia (como já dissemos), mas de uma experiência que brota do coração. E o que poderíamos esperar de corações sem paixão, sem sentimento, sem sensibilidade? A sensibilidade está relacionada com a força da atração: não somos convencidos, sobretudo no contexto atual, pelos argumentos, mas pelo que nos atrai, por aquilo que nos conquista. Isso é profundamente divino e profundamente humano: nossas ações brotam mais da sedução, de modo que a nossa sensibilidade é o princípio do que realizamos.

Jesus é um comunicador emocional e, portanto, está afinado com a nossa cultura comunicativa. Hoje gostamos de ver *Stand-ups*, *Youtubers*, vídeos divertidos e curtos, pois são comunicações diretas e dirigidas ao emocional de cada pessoa. Jesus se comunicava de um modo semelhante com uma mensagem muito superior, porque comunicava a Boa-Nova da Salvação. Jesus é um comunicador fascinante, atrai pelo seu modo de falar e de se relacionar com as pessoas que dele se aproximam.

A sensibilidade comunicativa de Jesus nasce de sua compaixão, que deveria ser traduzida por *sentir a partir das entranhas*. Ele se compadece, tem compaixão, ou seja, é afetado em seu interior ao ver o povo que está como "ovelhas sem pastor" (Mc 6,34). As pessoas lhe tocam no fundo do seu ser, a proximidade cria no Senhor uma moção cheia de sensibilidade. Não se trata de uma mera *pena*. Há uma reação visceral em Jesus diante da dor humana.

8. Cf. GIDDENS, A. *Un mundo desbocado:* los efectos de la globalización en nuestras vidas. Madri: Taurus, 2002, p. 74.
9. CASTILLO, J.M. *A ética de Cristo*. São Paulo: Loyola, 2010, p. 89.

Jesus é uma pessoa fascinante, carismática. Por isso, os discípulos lhe dizem: "Senhor, todos te procuram" (Mc 1,37). De fato, todos gostam de estar ao seu lado, porque ele atrai. Você, certamente, conhece pessoas assim: são aqueles que lhe cativam pelo olhar, pelo tom de voz, pela personalidade. Jesus tem um rosto de serenidade e felicidade. Mas, diante da afirmação dos discípulos, a resposta de Jesus é desconcertante, pois ao ficarem felizes com o sucesso de Jesus com as multidões, Ele lhes diz: "Vamos embora, vamos para outras aldeias...". Na pastoral, este seria um critério muito importante: não se deixar seduzir pela fama. Pensa-se facilmente: *se todos me procuram, é aqui que devo ficar*. Jesus é diferente porque Ele é livre, não pretendendo ao sucesso dos elogios e dos holofotes. Nada impede seu espírito missionário. Sabe que não irá resolver os problemas de todos tão interessados em sanar suas queixas, sabe que outros precisam dele, tem clareza de que há um caminho a trilhar.

Jesus exerce uma liderança positiva. Jesus é um homem criativo, original e livre. Não se limita a repetir o que lhe fora ensinado, mas falava por si mesmo, *com autoridade* (cf. Mc 1,27). Sua autoridade, porém, não era o exercício da submissão, mas persuadia os seus interlocutores, encantando-os com suas palavras e com sua maneira de ensinar e viver o Reino. Nada de ordens, de palavras que não deixam espaço para a escolha de quem escuta. Ele atrai pela força de sua sensibilidade, por sua comunicação emocional, profética e poética: uma comunicação cheia de poesia e originalidade a respeito do mundo, do simples, do que é próprio da vida.

Algumas características de sua sensibilidade comunicativa:

Jesus se aproxima para comunicar

Jesus é um profeta itinerante que gosta de pregar ao redor do lago, como em Cafarnaum, mas também sai para outros lugares: Magdala, Corazaim, regiões vizinhas da Galileia... Quando chega a um novo lugar, encontra-se com seus habitantes. Sua missão está nas ruas, nas casas, na saudação de paz, no toque das crianças... Fala com os camponeses, com as pessoas simples. Vai também à Sinagoga, porque lá o povo se reúne para cantar, orar e conversar.

Jesus se comunica em seus encontros, de modo personalizado

Jesus não se contenta em falar apenas para a grande multidão, deseja também comunicar-se de modo personalizado. Sua comunicação é pessoal, olhos nos olhos, questionadora, marcante, envolvente. Realiza encontros decisivos e profundos com pessoas de todas as classes, com homens e mulheres. Cada encontro humano é cheio de profundidade. Alguns momentos decisivos com Simão Pedro foram ternos e também dramáticos (cf. Mc 8,27-33). No poço de Jacó pede de beber e também oferece a água viva ao se encontrar com a Samaritana (cf. Jo 4,5ss.). Embaixo de uma árvore, encontra-se com Zaqueu, convida-o para uma refeição em sua casa e transforma-lhe a vida (cf. Lc 19,1-9). Em seus encontros sempre está sua atitude de acolhida, seu diálogo sereno, por vezes questionador. Procura antes escutar, depois diz sua palavra, como fez na trilha de Emaús. (cf. Lc 24,13ss.).

Jesus comunica através da partilha de experiências vitais

São muitos os gestos corpóreos e tocantes de Jesus, como já dissemos. É bom ter em mente alguns deles: tomar água no poço, festejar com vinho em Caná, conviver com Marta e Maria numa casa hospitaleira, levar os discípulos para descansar e orar, fazer refeições na casa de todos, mesmo dos sem reputação, fazer uma ceia para instituir sua memória. Nas suas experiências vitais, tudo o que é próprio da vida humana é caminho para comunicar o Reino. O cotidiano da vida comum adquire os sabores do Reino.

Jesus tem uma comunicação cheia de afetividade

Ele abraça as crianças (cf. Mt 9,36), tocando-as e abençoando-as (cf. Mc 10,13-16). Dialogando com o jovem rico, olha e lhe quer bem (cf. Mc 10,21), comove-se diante das dores alheias, consola os que choram de tristeza (cf. Lc 7,13). Incrível perceber que Ele mesmo chora diante da morte de seu amigo Lázaro, comunicando aos que estavam ao redor que o amava com intensidade (cf. Jo 11,23). Jesus não tem receios de comunicar alegria, tristeza ou indignação. Suspira para desabafar (cf. Mc 8,12). Em sua comunicação existe grande força, vida e espontaneidade. Uma comunicação que abarca todas as dimensões humanas. Então, todos os sentidos são tocados. Basta perceber quantas vezes o Evangelho traz os verbos sentir, falar, ouvir, ver, tocar, comer, perfumar...

Jesus convida à comunhão, à intimidade

A comunicação de Jesus está orientada para o envolvimento, é um apelo, uma interpelação que solicita a adesão e que pode gerar a rejeição. Essa comunicação se for aceita, torna-se comunhão, intimidade, amizade profunda: "Já não vos chamo servos, visto que um servo não conhece o que faz o seu senhor; mas a vós chamei-vos amigos, porque vos dei a conhecer tudo o que ouvi de meu Pai" (Jo 15,15). Ele vive a partir de sua relação com o Pai, vive e comunica o Reino, mas também deseja que outros sigam os seus passos, ou seja, é um comunicador vocacional (cf. Mc 1,16; Mt 4,18-22; Lc 5,1-11).

Jesus comunica com o seu olhar

Nos encontros de Jesus com as pessoas, sobressai o seu olhar. Ao chamar os discípulos, fitou-os nos olhos (cf. Mt 4,18). Condenado à morte, olhou para Pedro (cf. Lc 22,61). Quando foi a Nazaré, ainda no início de suas aparições públicas, narra o Evangelho que Jesus foi afrontado pela multidão, que desejava empurrá-lo para o precipício. Quando percebeu que iriam jogá-lo abaixo, Ele passou por meio deles, mas não de modo furtivo. Está implícito no texto um olhar forte para aquelas pessoas e passou pela multidão (cf. Lc 4,30). Foi apenas necessário um olhar fixo para que ninguém ousasse fazer-lhe mal. Eis um olhar decisivo, um olhar marcante que revela a profundidade do seu ser, mas também ilumina a verdade que existe dentro de cada um de nós. Às vezes, para comunicar, não são necessárias palavras, mas gestos marcantes e significativos. O olhar de Jesus é um grande exemplo disso.

A mudança de época em que estamos vivendo exige uma comunicação cheia de sensibilidade, emotiva e personalista. A inspiração catecumenal no processo de Iniciação à Vida Cristã tem como característica importante a dimensão querigmática: um anúncio afetivo e atrativo de Jesus Cristo a cada pessoa.

Uma catequese querigmática é uma comunicação personalista e emocional.

1.6 A PEDAGOGIA COMUNICATIVA DE JESUS

Já enumeramos algumas características da comunicação de Jesus. Certamente, todas elas integram o que chamamos aqui de pedagogia comunicativa, ou seja, as *estratégias* utilizadas por Jesus, seus métodos para fazer uma comunicação eficaz. O *Diretório Geral para a Catequese* resume bem as características desta pedagogia:

> Vinda a plenitude dos tempos, Deus mandou à humanidade Seu Filho, Jesus Cristo. Ele trouxe ao mundo o supremo dom da salvação, realizando a sua missão de redentor, no âmbito de um processo que continuava a "pedagogia de Deus" com a perfeição e a eficácia intrínsecas à novidade de sua pessoa. Das suas palavras, sinais e obras, ao longo de toda a sua breve mas intensa vida, os discípulos fizeram experiência direta das diretrizes fundamentais da "pedagogia de Jesus", indicando-as, depois, nos Evangelhos: o acolhimento do outro, em particular do pobre, da criança, do pecador, como pessoa amada e querida por Deus; o anúncio genuíno do Reino de Deus como Boa Nova da verdade e da consolação do Pai; um estilo de amor delicado e forte, que livra do mal e promove a vida; o convite premente a uma conduta amparada pela fé em Deus, pela esperança no reino e pela caridade para com o próximo; o emprego de todos os recursos da comunicação interpessoal tais como a palavra, o silêncio, a metáfora, a imagem, o exemplo e tantos sinais diversos, como o faziam os profetas bíblicos. Convidando os discípulos a segui-Lo totalmente e sem nostalgias, Cristo entrega-lhe a sua pedagogia da fé como plena, compartilha da sua causa e do seu destino[10].

A base da pedagogia comunicativa de Jesus está na *inculturação*. Esta palavra significa entrar na cultura do seu tempo (*in + cultura + ação)*. A encarnação é uma grande escola de inculturação, ou seja, este Deus que assumiu a nossa vida, a existência humana, quis mergulhar na cultura. Portanto, Jesus é um judeu nascido na Galileia, numa terra um tanto desconhecida, de cultura agrária. Tudo o que está ao seu redor, tudo o que faz parte da vida do povo de sua época são assumidos por Jesus e, logicamente, também o seu jeito de comunicar é influenciado por tudo o que o cerca.

Jesus realizou uma comunicação inculturada. Como vimos, Jesus não pronuncia um discurso erudito, abstrato, complexo. Ele procura ser muito compreensível e, para isso, utiliza palavras, expressões, sentimentos e exemplos que são compreensíveis pelos seus interlocutores. Sua linguagem, portanto é simples e cheia de poesia, arte, comparações muito inteligíveis

10. DGC, n. 140.

porque eram familiares aos ouvintes. Jesus utiliza a linguagem própria da Galileia, considerando os trabalhos e festas do povo, as estações do ano, as colheitas, semeaduras, o lago, os ciclos da natureza. Fala de pessoas que plantam e pescam, o que realmente fazia parte da vida da maioria daqueles que o escutam.

Jesus utiliza um vocabulário muito simples e concreto. Ele faz parte de um mundo feito de terrenos áridos, de sementes, mesmo pequeninas, e de semeadores, de plantas que crescem, de plantas daninhas e de messes, de vinhas e de figueiras, de ovelhas e de pastores, de cachorrinhos, de pássaros, de lírios, de mostarda, de peixes, de escorpiões, de serpentes, de ventos, relâmpagos e chuvas... Jesus gosta de falar da natureza, explicando a dinâmica misteriosa do Reino de Deus a partir dos fenômenos naturais. Para ensinar que devemos olhar para o presente sem a ansiedade do futuro, vivendo o instante com confiança na providência divina, o Senhor nos fala dos pássaros e dos lírios: "Olhai os pássaros do Céu!" (Mt 6,26); "Olhai como crescem os lírios dos campos" (Mt 6,28). Podemos afirmar que Jesus tem um olhar contemplativo para a realidade. Esta contemplação é fonte de sua comunicação.

> Jesus cria uma linguagem simples e direta para comunicar o reino de Deus, falando por meio de parábolas. Aproxima-se da mulher, da criança, do órfão, do pobre, do sofredor, do centurião, com uma atitude acolhedora e aberta. Ao agir dessa forma, Jesus desperta nas pessoas confiança e segurança para que elas possam revelar suas dores, seus sonhos, sua riqueza interior e seus projetos. Ele favorece o encontro das pessoas consigo mesmas, com sua liberdade interior, com seus dons, e as envolve no compromisso de uma ética de valorização da vida e da dignidade humana, tornando-as protagonistas quando diz: Vê! A tua fé te salvou[11].

Jesus tem um gosto especial pelas parábolas. Enquanto os rabinos partem de um texto da Escritura, Jesus prefere partir da vida, da existência do cotidiano e, por isso, conta parábolas (são cerca de quarenta parábolas nos evangelhos). As parábolas são pequenas histórias cheias de imagens e sentimentos, personagens e fatos da vida, interessantes. Nelas reside uma linguagem direta, simples e cheia de sabedoria. São elas excelentes instrumentos para comunicar o que é o Reino de Deus.

A finalidade das parábolas não é comunicar uma ideia nova, mas colocar as pessoas em conexão com o Reino de Deus a partir de experiências que lhes são próprias, a partir de uma linguagem natural que facilitava a abertura do coração. As parábolas abrem as mentes e os corações ao Reino, embora muitos tenham se fechado.

Porém, nas parábolas existe uma inversão de valores. Isso pode fazer com que a comunicação endureça os seus ouvintes. Abre o coração de alguns, mas outros se fecham. Aqui está o sentido das palavras do Evangelho: "por mais que olhem, não vejam, por mais que escutem, não entendam" (Mc 4,12). Quando Jesus diz que alguns escutam e não compreendem está afirmando exatamente isso: existem pessoas que, embora compreendendo a mensagem, não se abrem. Portanto, vemos que não se pode ouvir a mensagem

11. Diretório de Comunicação da Igreja do Brasil, n. 44.

de Jesus como um mero expectador, é preciso estar disposto a mudar de vida. É isto que significa entrar no Reino de Deus. Assim, a parábola não se explica. Não podemos transformar em linguagem teórica aquilo que está propositalmente longe da teoria. A exposição da parábola é um convite, deseja suscitar algo novo, um toque no coração, não uma compreensão teórica. A parábola é, de fato, uma verdadeira catequese, pois é um ressoar da Palavra no coração.

> Eu tenho a impressão de que isso é o que acontece conosco, tantas vezes, quando lemos as simples histórias contadas por Jesus, e que, sem dúvida alguma, dizem muito mais do que normalmente conseguimos compreender. É que a vida, sendo algo tão elementar, é também algo tão profundo, que caímos desconcertados quando alguém nos fala, a fundo e com todas as consequências, do primeiro e do último que Deus colocou na história para que o encontremos nele. Isso, levado ao limite do que não tem limites, é o Reino de Deus[12].

Vejamos outras características da pedagogia comunicativa de Jesus[13]:

Jesus forma aqueles que devem continuar a sua missão

Por isso, conduz os seus discípulos para lugares de solidão a fim de ensiná-los (cf. Mc 4,34; 7,17; 9,30-31; 10,10).

Jesus faz avaliação para revisar a missão realizada (cf. Lc 10,17-20)

Avaliar não é apenas criticar, mas um auxílio para que cresçam sobre o discernimento de suas ações (cf. Mc 9,28-29). Jesus também corrige quando percebe desvios nas ações dos discípulos (cf. Lc 9,46-48). É preciso se importar com o processo, não fazer de conta que está tudo bem, sempre.

Jesus gosta de fazer perguntas:

- *Credes que eu posso fazer isto*? (Mt 9,28);
- *Quem dizem os homens ser o Filho do Homem*? (Mt 16,13);
- *Quem me tocou* (Mc 5,30);
- *Que queres que te faça*?" (Mc 10,51);
- *Que buscais*?" (Jo 1,38).
- *Mulher, onde estão os que te acusavam? Ninguém te condenou*? (Jo 8,10).

As perguntas de Jesus são provocantes, profundas. Jesus não explicita tudo de uma vez, deseja que os seus interlocutores reflitam e busquem as respostas no seu coração. Quando percebe que os seus discípulos não estão compreendendo a proposta do Reino,

12. CASTILLO, J.M. *El Reino de Dios*. Por la vida y la dignidad de los seres humanos. Bilbao: Desclée De Brouwer, 2010, p. 189.

13. Para aprofundar estas características, cf.: MESTERS, C. *Com Jesus na contramão*. São Paulo: Paulinas, 2013, p. 80-81.

Ele os interroga (cf. Mc 4,13; 8,14-21). Por outro lado, muitas perguntas também são feitas a Jesus, e ele as responde com sabedoria, por vezes de um modo também questionador, como quando é interrogado por um escriba sobre o maior dos mandamentos (cf. Lc 10,25-37).

Jesus é realista

Ao olhar para a realidade não vai logo julgando, moralizando. Antes, é preciso constar o que é, o que acontece, como é a vida no real. Depois, sim, vem o momento de fazer um discernimento, buscando luzes para fazer a melhor escolha. Jesus não é otimista em demasia, não é ingênuo diante da vida. Por outro lado, não é pessimista, não vê o mal em todos os cantos. A realidade é ambígua, ou seja, a existência é cheia de coisas boas e más, ao mesmo tempo, e é preciso saber viver, sem fugas, neste mundo ambíguo (cf. Mt 13,24-43).

Jesus é criativo

Como vimos, sua comunicação é uma palavra que toca e que questiona. Ele subverte os valores estabelecidos. Certamente não é contra a religião, mas retira a ritualização da piedade religiosa. Proclama uma orientação moral, no entanto, faz a emancipação da pessoa que agora não deve ter a imposição de uma lei. Jesus escandaliza porque comunica que existe salvação nas coisas da vida, realiza, portanto, a secularização dos meios de acesso a Deus e de salvação.

Jesus prepara os discípulos para enfrentar os conflitos (cf. Mt 10,17-25)

Embora, o Senhor tenha palavras consoladoras em momentos certos, não lhes diz palavras falsas. Por isso, Jesus convida ao discipulado, comunica um convite a carregar a cruz. Promete a presença consoladora de sua presença: "Eis que estou convosco todos os dias, até o fim do mundo" (Mt 28,20). A comunicação de Jesus nos faz passar do medo à fé, da tristeza à alegria, do desespero à esperança.

Certamente, uma boa comunicação precisa ser clara. Sem dúvida alguma, a comunicação de Jesus é muito clara. Mas clareza não significa dizer somente aquilo que o interlocutor espera, aquilo que trará aceitação automática, como se estivesse vendendo um produto, adaptado ao gosto do freguês. A comunicação de Jesus não é sempre bem aceita porque contradiz o senso comum, a opinião geral. Jesus proclama o inaudito, anuncia algo diferente do comum, fala de situações que não eram aceitas pela sociedade.

A catequese tem esta missão de trazer algo novo, mas não uma originalidade comercial, e sim uma palavra que provoque, que arranque aquele que está parado para que saia do seu lugar de comodidade.

1.7 JESUS E A COMUNICAÇÃO DO AMOR TRINITÁRIO

"Deus é amor" (1Jo 4,8). Embora a Bíblia não goste de definições, pois prefere nos ensinar a partir das ações concretas, a Carta de São João tem a ousadia de definir quem é Deus. E nos traz a explicação mais simples e mais profunda: *Deus é amor*, portanto, Ele é totalmente gratuito, não faz trocas, não nos ama somente quando somos fiéis, não espera ser bajulado para doar suas benções, é imenso em sua misericórdia, em sua benevolência, em sua bondade. O que importa saber, o que nos é comunicado, não é a existência de um Deus *em si*, um amor *em si*, mas um *amor para nós*. Dizer que Deus se comunica é dizer que Ele é um *Deus amor para nós*.

Em Jesus Cristo, a experiência do *Deus amor* não é mais um mistério inacessível, mas é algo concreto, pois agora temos acesso ao amor em *carne e osso*. Jesus nos comunica um amor que se pode tocar, sentir, ver. Suas ações são ações de amor, e o que motiva tudo o que Cristo diz e faz é o amor. Portanto, o amor de Deus é comunicado. *Deus é um amor que se comunica em Jesus Cristo*.

A Trindade Santa é uma comunicação de amor. Santo Agostinho nos deixou uma explicação sobre a Trindade que se tornou muito conhecida. Afirma Agostinho que o Pai é o *Amante*, o Filho é o *Amado*, o Espírito é o *Amor*. Nesta explanação, vemos que no seio da Trindade existem relações de comunicação. A grande relação que existe entre o Pai e o Filho é o amor (o Espírito). Tudo isso pode ser percebido no Evangelho, em todas as ações e ensinamentos de Jesus, mas sobretudo, na cruz. A cruz é o momento mais importante para revelar a comunicação do amor de Deus.

Como acontece esta comunicação? Podemos falar da comunicação-entrega de cada uma das pessoas divinas.

A comunicação-entrega do Pai

A Bíblia nos diz que o Pai entrega o Filho: "Com efeito, de tal modo Deus amou o mundo, que lhe deu seu Filho único, para que todo o que nele crer não pereça, mas tenha a vida eterna" (Jo 3,16). Outros textos também nos falam desta entrega: Rm 5,6-11; 8,32; 1Jo 4,10. É preciso ter cuidado com a interpretação desta afimação. Dizer que o Pai entrega o seu Filho não significa que Ele seja um Pai maldoso ou sedento de sangue, desejando ver o sofrimento de Jesus para se satisfazer e, então, perdoar os nossos pecados. Alguns teólogos chegaram a afirmar tal coisa, mas hoje, conseguimos ver mais longe. Entendemos que a entrega do Pai é o sofrimento de um Deus amoroso que precisa assistir, sem intervir, a morte do seu Filho amado. Por que o Pai não intervém? É este um grande mistério, mas podemos entender que o Filho veio para assumir toda a realidade humana, como cada ser humano. Assim como misteriosamente o Pai sofre com o mal no mundo enquanto não chega o momento de sua consumação, Ele também sofre vendo o Cristo entregar a sua vida por amor, para revelar o verdadeiro sentido do amor, da entrega, da dor, da cruz. Assim como o Filho sofre, sofre também o Pai. Orígenes, um pensador muito importante da Antiguidade, fala-nos desta comunicação-entrega do Pai de um modo muito bonito:

> O salvador desceu à terra por compaixão do gênero humano. Sofreu nossas paixões antes de sofrer na cruz, antes mesmo que ele se dignasse assumir a nossa carne: porque se ele não tivesse sofrido, ele não teria vindo participar da nossa vida humana. Qual é essa paixão que ele sofreu anteriormente por nós? É a paixão do amor. Contudo, o próprio Pai, Deus do universo, ele que é cheio de longanimidade, de misericórdia e de paixão, será que ele não sofre de alguma maneira? Ou ignoramos que, ao se ocupar das coisas humanas, ele sofreu paixão humana? "Porque o senhor teu Deus carregou os teus usos, como alguém que carrega seu filho" (Dt 1,31). Portanto, Deus toma sobre si nossos hábitos, como o filho de Deus carrega nossas paixões. O próprio pai não é impassível! Se clamamos a ele, ele tem piedade e compaixão. Ele sofre uma paixão de amor[14].

A comunicação-entrega do Filho

O Filho se entrega porque ama o Pai, acolhe com profundidade a comunicação do Pai – o Reino de Deus. Mas, o Reino tem um preço: comunicar o Reino de Deus causa grande perseguição. De fato, Jesus não seria crucificado se fosse um contador de histórias agradáveis, se seu objetivo fosse deixar os seus ouvintes mais inteligentes. Certamente, a mensagem de Jesus provocou, desinstalou, chocou. Ao longo da história da humanidade se repete este mesmo drama do Senhor: a fecundidade da comunicação está exatamente no fracasso daquele que a profere. Mas, é preciso ter claro que Jesus entrega a sua vida por amor e de um modo livre, mas não morre porque já estaria tudo arquitetado de antemão, no plano da eternidade: sua morte foi consequência de suas opções. Além disso, na cruz, Deus não se comunica como manifestação do triunfo, mas comunica a sua fraqueza, a sua pequenez, o seu aparente fracasso. Na cruz, vemos que Jesus aceita ser ignorado, rejeitado, negado, blasfemado. Só este Deus pode se compadecer de nossas dores, porque experimenta os mesmos dramas de cada pessoa humana (cf. Hb 4,14-16). Quando sofremos, olhamos para a cruz, e sabemos que Deus também sofreu e sofre tantas cruzes ao longo da história. Sua cruz não foi, no entanto, fracasso, pois a morte não foi a última palavra, Deus-Pai o ressuscitou, deu-lhe nova vida.

A comunicação-entrega do Espírito

O Evangelho de João nos diz que Jesus inclinou a sua cabeça e "entregou o seu espírito" (Jo 19,30). Aqui está incluída a entrega do Espírito à humanidade. Ao entregar-se, o Filho também nos entrega: Ele deseja que cada um de nós tenha o seu Espírito. Agora o amor divino nos é dado, agora o amor também reside em nós, como nos diz São Paulo: "O Espírito é amor de Deus derramado em nossos corações" (Rm 5,5). Santo Agostinho, que chamava o Espírito Santo de amor, citou este texto da Bíblia mais de 200 vezes, porque achava mesmo importante afirmar que o Espírito Santo é a experiência do amor.

Jesus comunicou o amor de Deus-Pai como serviço: "Não há maior amor do que dar a vida pelos seus amigos" (cf. Jo 15,9-15). Deste modo, Jesus comunica algo muito profundo: o mais importante é o amor dirigido ao irmão, ao outro ser humano. Por vezes, proclamamos

---

14. Texto citado por GESCHÉ, A. *Deus*. São Paulo: Paulinas, 2003, p. 68.

a importância de amar a Deus, mas confundimos amor a Deus com atos religiosos. É como se estivéssemos dizendo que primeiro temos que ir à Igreja agradar a Deus e, depois, sim, devemos amar ao próximo. No entanto, Jesus diz que se amamos o irmão que sofre, amamos a ele mesmo (cf. Mt 25,31ss.). Deste modo, Jesus comunica que *o outro* é igual a Deus, e *não* existe amor a Deus se não existe o amor ao próximo.

Deus é amor. Deus é comunicação amorosa, ou seja, ao se comunicar como amor, ama. O Pai ama seu Filho e a nós. O Filho ama o seu Pai e a nós. O Espírito é o amor que reside em nosso coração. A fidelidade à pedagogia comunicativa de Deus exige uma catequese que seja comunicadora do amor de Deus. Não cabe mais falar dos castigos divinos, enfatizar sacrifícios, culpas... É preciso comunicar que Deus ama. É mais importante ainda comunicar com amor, pois os catequistas (comunicadores) comunicam pelo próprio testemunho, comunicam pelas suas atitudes.

1.8 JESUS COMUNICA O SEU ESPÍRITO

Já dissemos acima que existe uma entrega do Espírito. Queremos agora aprofundar este tópico: o significado da comunicação do Espírito Santo.

Primeiramente, recordemos que o Espírito Santo é relação e amor. Não podemos definir exatamente sua identidade em si mesmo, mas em sua ação. É próprio de o Espírito Santo ser *ação*, ser a *relação* entre o Pai e o Filho, ser o *sopro* que se move para onde deseja ir (cf. Jo 3,8).

São Paulo afirma que pertence a Deus quem tem o "*Espírito de Cristo*" (Rm 8,9). Somente neste texto o Espírito é chamado desta maneira, mas contém uma grande verdade: aquele mesmo Espírito que conduzia Jesus pelas estradas de sua missão, agora é o Espírito que veio habitar em nós (cf. 1Cor 3,16). Deste modo, o Espírito Santo não ficou isento de um esvaziamento, de uma atitude de humilhação (chamamos isso de *kenosis*, cf. Fl 2,6-7). De um modo um tanto simplório, podemos dizer que o Pai fica lá em cima no céu, mas os outros dois (o Filho e o Espírito) veem. Eles veem para nos comunicar, para agir neste mundo, para nos salvar. Quando o Verbo Eterno se encarna, o Espírito se humaniza, pois ele habita no mesmo Jesus que viveu na história deste mundo, experimentando assim a condição humana. Quando Cristo retorna ao Pai, o Espírito dele sai para cumprir sua missão, assumindo agora o caráter de *Espírito de Cristo*. O Espírito que procede de Cristo, assim como procede do Pai, agora é *Espírito de um homem* e, depois, Espírito de todos que o recebem[15].

Ao nos dar o seu Espírito, Jesus comunica a nós a sua relação com o Pai. Deus é Pai dos homens. É em primeiro lugar Pai de Jesus, agora é Pai de todos, pois Jesus comunica a nós a sua relação filial, introduzindo as criaturas na intimidade de Deus. Deus dá o seu Espírito

15. Joseph Moingt, teólogo francês, aprofundou este tema: Cf. MOINGT, J. *Deus que vem ao homem*. Da aparição ao nascimento de Deus. Vol. II – Aparição. São Paulo: Loyola, 2010, p. 361, 366.

para que seja infundido no ser humano o amor, fazendo-o Filho adotivo do Pai (cf. Rm 8,15-16; Gl 4,4-7). Essa experiência comunicativa se chama amor. O amor é esta relação de plena confiança e entrega que o Filho tem com o seu ***Abbá-Pai***. Tão profunda, que não há outro modo de clamar pelo Pai se não com o balbuciar de um pequeno bebê, que expressa seu desejo com gemidos e monossílabos básicos: *mama, baba...* Tão profunda relação que impressionou os discípulos quando orava. Jesus vai até o fim de sua vida terrena na cruz, conduzido por este amor e por esta confiança filial. Quando ressuscita, ele comunica a nós esta mesma relação. Ou seja, agora não somente o Filho experimenta esta profunda comunhão de amor, mas cada um de nós pode ser também filho, viver como filho, viver na esperança, na confiança, experimentar no mais íntimo o amor de Deus. É isso que significa a expressão de Paulo: "o amor de Deus foi derramado em nossos corações pelo Espírito Santo que nos foi dado" (Rm 5,5). Nossa experiência trinitária, portanto, vem pelo Espírito. O que experimentamos, de fato, é o Espírito dentro de nós. Quando fechamos os olhos e percebemos que não estamos sozinhos, mas acompanhados, habitados por Deus, percebemos a presença do Espírito em nós. Quando liberamos espaço para esta experiência do Espírito, então nos sentimos amados, escolhidos, acolhidos, com a mesma experiência que o Filho viveu em relação ao Pai. E a consequência é transformar a vida em amor, lutando contra o ódio e contra tudo aquilo que fecha, isola, mata.

Deste modo, o Espírito nos comunica o modo de ser de Jesus. Em especial, no Evangelho de Lucas, vemos que o Espírito age em Jesus: desceu sobre Ele no seu batismo (cf. Lc 3,22), conduziu-o ao deserto (cf. Lc 4,1), agiu sobre Ele na Galileia (cf. Lc 4,14). Jesus entrega seu Espírito a Deus antes de morrer (cf. Lc 23,46) e promete enviar o mesmo Espírito aos discípulos (cf. Lc 24,49). Se agora, somos possuídos pelo mesmo Espírito de Jesus (Espírito de Cristo, como diz São Paulo), somos animados a ter as ações de Cristo. É o Espírito que nos faz, portanto, ser discípulos de Jesus, crescermos em graça, adquirindo as mesmas feições do Senhor em nossa vida. Se Jesus amou, vivemos também o amor, se Jesus curou, somos também nós fontes de cura, se Jesus perdoou, somos nós agora canais de misericórdia, se Jesus foi servidor, somos nós agora servos, se Jesus comunicou a vida, o Reino, somos nós agora, pelo seu Espírito, comunicadores de seus dons. O Espírito nos conduz pelos mesmos caminhos, nos ajuda a dar os mesmos passos do Senhor. Mas, isso depende de uma abertura. Quando oramos *Vinde, Espírito Santo* não significa dizer que virá lá do Céu, mas este Espírito, que já habita em nós, pode encontrar espaço para agir. Pedir o Espírito é dar espaço para que ele possa agir, pois Deus respeita a nossa liberdade.

O Espírito, portanto, comunica-nos o que nós devemos ser. Isso começa aqui nesta vida e termina na eternidade. O projeto de Deus é comunicar aos seus filhos a si mesmo, formando-os à sua imagem. Neste sentido, diz-nos São Paulo que Jesus é a "imagem do Deus invisível" (Cl 1,15) e "novo Adão" (1Cor 15,49). Há uma dupla revelação: Jesus Cristo não é apenas revelador de Deus, mas revelador do ser humano em sua potencialidade de ser. Este belíssimo ensinamento é uma das coisas mais importantes que foram escritas no Concílio Vaticano II, na Constituição *Gaudium et Spes*, quando esta constituição fala sobre o ser humano: "Cristo manifesta plenamente o homem ao próprio homem e lhe descobre a sua altíssima vocação"[16]. Assim, revela a dignidade de sua vocação, que não pode ser outra senão a sua filiação divina: Cristo revela o ser humano a ele mesmo quando se mostra Filho unigênito do Pai. Nosso trabalho, portanto, é crescer nesta vida, amadurecer até que cheguemos à altura de Jesus Cristo, o homem perfeito (cf. Ef 4,13). Ninguém será santo da noite para o dia, mas pode percorrer este caminho bonito que mira a plenitude revelada por Cristo.

O que é ser cristão? É procurar deixar o Espírito nos configurar a Cristo, nos fazer *novos Cristos*, ou seja, criaturas novas. Um pensador antigo da Igreja, Tertuliano, resumiu este ensinamento da seguinte forma: "o cristão não se nasce; torna-se cristão". Eis aqui o significado profundo da iniciação à vida cristã.

Deus se comunica para que o ser humano se transforme. Ao comunicar o seu Espírito, vemos ainda com maior clareza que Deus não comunica apenas um ensinamento, mas nos comunica vida. A tarefa da catequese é exatamente nos ajudar a fazer o que nos diz Tertuliano. Vamos nos tornando, gradativamente, cristãos de verdade, pessoas configuradas a Cristo, cristãos de fato. Eis a *iniciação à vida cristã*. E este processo nunca termina...

Os sacramentos nos dão tudo isso pela graça, mas precisamos, ao longo da vida, assimilar todo este dom em nossa existência.

16. GS, n. 22.

ROTEIRO PARA FORMAÇÃO DE CATEQUISTAS

Ler previamente:

O capítulo Jesus, o comunicador do Pai;
Diretório Geral para a Catequese n. 139-143;
Diretório Nacional de Catequese n. 138-144.

Em pequenos grupos, responder às seguintes questões:

a) Qual é a pedagogia comunicativa de Deus Pai?
b) Qual é a pedagogia comunicativa de Jesus?
c) Qual é a pedagogia comunicativa do Espírito Santo?
d) Como deve ser a pedagogia comunicativa da catequese? Como este estudo pode inspirar estratégias para a Iniciação à Vida Cristã?

ROTEIRO PARA LEITURA ORANTE

Propõe-se uma leitura orante de Jo 4,1-42, conduzida por um dirigente. Procurar criar um clima de oração e conduzir a meditação-oração de forma pausada, lenta, dando tempo entre a imaginação dos gestos, perguntas, orações...

- Preparação: fazer silêncio exterior e interior, fechar os olhos, respirar profundamente algumas vezes, cantar um mantra.
- Leitura do Texto que narra o diálogo entre Jesus e a Samaritana: Jo 4,1-42.
- Imaginar a cena. Lembrar dos gestos comunicativos do texto (fazer uma pausa para cada visualização de cada gesto):
- Sentar à beira do poço, mostrando a sua fragilidade, a sede;
- Pedir água, revelando sua humildade, sua proximidade;
- Dialogar, comunicando a palavra a partir da realidade da Samaritana;
- Manter a serenidade diante da perplexidade dos discípulos;
- Deixar o cântaro e ir até a cidade.
- Questões para meditar (fazer uma pausa a cada questão para meditação pessoal):
- Qual é a nossa sede?
- Qual é a sede de nossos catequizandos?
- O cântaro é o sinal de nossos apegos. Quais são eles? Estamos dispostos a deixá-los para catequizar com liberdade?
- Oração (fazer pausas para a oração pessoal, silenciosa):
- O que o Espírito me leva a pedir a Deus?
- O que o Espírito me leva a agradecer?
- Conclusão: canto à escolha.

2

PERSONAGENS COMUNICATIVOS DA BÍBLIA

Depois de tratarmos do ápice da comunicação divina, seu Filho Jesus Cristo, tomaremos alguns personagens da Bíblia para que possamos encontrar pistas para a comunicação catequética dentro de um contexto comunicacional. Certamente, muitos nomes poderiam entrar nesta lista de comunicadores, aqui escolheremos alguns, dentre tantos notáveis. Não trataremos de toda a vida destes personagens, mas focaremos em seus exemplos comunicativos.

2.1 ABRAÃO: HOSPITALIDADE E COMUNICAÇÃO NÃO-VIOLENTA

O primeiro personagem que apresentamos é Abraão, o grande patriarca, que tem a sua história situada aos 1850 anos antes de Cristo. Um homem nômade, que vivia como pastor e que habitava na região de Ur, na Caldeia. Sua vida seguia dentro da normalidade, certamente ele tinha planos, mas, de repente, Deus manifesta novos caminhos. Este pai da fé é impelido a se mudar de sua casa e é chamado para ser pai de um grande povo. O que faz este homem? Inicia a aventura pela fé, escutando a voz de Deus que o interrogava. O que Abraão pode nos ensinar sobre o mundo comunicacional?

Para acolher os exemplos comunicativos de Abraão, tomaremos o capítulo 18 do livro do Gênesis. Este capítulo narra dois fatos marcantes: a acolhida dos três homens junto aos carvalhos de Mambré e a intercessão em favor da cidade de Sodoma.

Primeiramente, trataremos da *visita inesperada* (cf. Gn 18,1-16). Vieram em sua direção três homens, que foram interpretados pela tradição cristã como a visita do próprio Deus. A reação de Abraão é de total receptividade: ele corre para acolhê-los, convida para que venham até a sua casa, lava-lhes os pés, pede a esposa para que prepare comida gostosa. O patriarca está simplesmente fazendo o que é comum em sua cultura oriental. Como era comum peregrinar e receber peregrinos, reinava entre eles o espírito de hospitalidade. Abraão antecipa a atitude de Marta no Evangelho: aquela mulher que não ficou a ouvir a Palavra do Mestre, mas foi solícita em lhe preparar boa comida (cf. Lc 10,38-42).

A hospitalidade de Abraão nos confere algumas ótimas dicas para aplicar no mundo da comunicação. Vejamos:

Acolher o Deus que vem, fazer o melhor a quem vem ao nosso encontro

Deus sempre vem, e vem de modo inesperado. Pode ser que sejamos pegos de surpresa. É preciso ter em conta que Deus vem para comunicar a sua mensagem, que Ele não se cala para sempre, mas precisa ser acolhido, como fez Abraão. Pode ser que estejamos distraídos, sem aproveitar as oportunidades de escuta atenta aos sinais. Há ainda o risco do fechamento, de não romper com a imobilidade, pois é fácil ser acomodado. Notemos que Abraão deu o primeiro passo e, depois, fez o seu melhor, pois para Deus convém fazer o nosso melhor. É possível estar com o coração aberto para receber a mensagem que Deus nos envia de tempos em tempos, por vezes vindo até nós disfarçado nas pessoas que aparecem nos caminhos da vida?

Hospitalidade é um movimento que nasce no nosso interior

Abraão não improvisou, a hospitalidade já habitava nele. Para algumas pessoas, a hospitalidade é um movimento espontâneo, para outros a hospitalidade exige treino e percepção de si. Há pessoas que são fechadas em si mesmas. Não acolhem, não sorriem, não dão o primeiro passo. Parece que estão com medo de alguma coisa ou de alguém e, portanto, precisam estar na defensiva. Aqui não se incluem os tímidos, mas as pessoas fechadas e agressivas.

Não podemos ver o nosso irmão como um inimigo; devemos ter a capacidade de dizer: Entre na minha casa, a minha alegria é a tua alegria. O segredo da hospitalidade está na pobreza. Não a pobreza de bens materiais, mas em primeiro lugar, uma pobreza de mente[17]. Há pessoas que são tão donas de si, tão presas em suas convicções e conceitos, que não deixam os outros ficarem à vontade. A intolerância vai nesta linha: o intolerante não aprende nada de novo, pois ele se considera portador da verdade. O orgulhoso de sua maneira de pensar é um péssimo anfitrião da vida, pois o diálogo é intercâmbio de ideias para a construção de algo comum. Se vivemos num mundo tão cheio de virtualidade, de interconexões, é também verdade que vivemos num mundo onde se criam abismos, onde há a tendência de se isolar, de seguir em atitude desconfiada. Então, não é raro que nos armemos para enfrentar o outro. Comunicadores da Boa Nova do Reino devem transformar a hostilidade em hospitalidade.

Abraão acolhe a comunicação de uma promessa

"Voltarei à tua casa dentro de um ano, a esta época; e Sara, tua mulher, terá um filho" (Gn 18,10). Aquela mulher estéril e já idosa dará à luz? Parecia realmente uma mensagem descabida. Por isso, Sara riu. Até mesmo o filho que nasceria, receberia uma homenagem a este fato (Isaac significa riso). Se Sara é estéril, Deus é a fonte da vida. Se Abraão já não espera mais nada de novo na vida, Deus é fonte da novidade, de uma alegria verdadeira que supera o deboche de sua esposa. Por fim, um dos homens ainda diz a Abraão e a Sara: voltarei para testemunhar o cumprimento da profecia. Quando a comunicação de Deus parece distante, fraca, ausente, quando a vida estiver mais cheia de desesperanças do que novidades felizes, é preciso lembrar que Deus sempre volta. Deus sempre comunica a esperança àqueles que como Abraão estão abertos. Sem abertura à promessa, a Palavra se tornaria estéril.

A segunda parte do texto trata da *intercessão de Abraão pela cidade de Sodoma* (cf. Gn 18,17-33). Sodoma é a imagem das coisas ruins que vemos na internet e nos noticiários: o mundo está repleto de mensagens tristes, catastróficas e até violentas. Muitos hoje são como os habitantes de Sodoma: pessoas que se deixaram seduzir pelo mal. O que pensar de um bandido, de um traficante, de um assaltante? Às vezes, mesmo nós, queremos sua morte imediata. Quando testemunhamos o mal, logo procuramos culpados. Abraão não era ingênuo, mas preferiu um caminho de bondade – a misericórdia de Deus.

Em termos comunicacionais, a intercessão de Abraão é um grande exemplo de comunicação não violenta[18]. A *comunicação não violenta* tem o objetivo de proporcionar diálogos construtivos em vez de brigas, ajuda a comunicação honesta e pacífica, auxilia numa escuta autêntica. Por vezes, exercemos o poder nas relações, queremos ser impostores e estamos fechados ao enriquecimento, o que dificulta uma verdadeira comunicação.

---

17. Cf. NOUWEN, H. J. M. *Crescer*: os três movimentos da vida espiritual. São Paulo: Paulinas, 2000, p. 97-105.

18. Sobre comunicação não-violenta, cf. ROSENBERG, M. B. *Comunicação não-violenta*: técnicas para aprimorar relacionamentos pessoais e profissionais. São Paulo: Ágora, 2006.

São quatro os componentes da comunicação não violenta. Vejamos cada um destes componentes a partir da relação entre Deus e Abraão.

Observações

É a limpeza do olhar diante dos fatos, procurando ver a realidade sem rótulos, sem julgamentos, priorizando um olhar mais neutro e próximo do real. Quando se deixa de fazer algo que era uma expectativa, não convém pensar que a consequência é mais desastrosa do que é na verdade: um aluno que não fez o trabalho poderia dizer aos seus pais: eu arruinei o meu semestre quando perdi o prazo do trabalho; o professor vai me odiar e me reprovar; eu sou um mau aluno; ao invés desta postura, poderia afirmar: eu não entreguei o trabalho na data correta. Ou ainda dizer: você me ignorou o dia inteiro. Poderia simplesmente dizer: eu liguei para você várias vezes, hoje, e você não me atendeu. As conclusões são mais emocionais do que reais. No diálogo entre Deus e Abraão, em nenhum momento o Senhor diz que não irá aplicar a sua misericórdia. Abraão é que antevê um castigo total.

Sentimentos

É comum escutarmos palavras como: não se preocupe, está tudo bem, não chore. Tais expressões comunicam mensagens que consideram as emoções coisas negativas. Quem recebe esta comunicação, logo sente que existe alguma coisa errada com ele, pois parece que não há espaço para tristeza. Seria mais humano, mais honesto e mais acolhedor deixar a pessoa sentir, dizer que ela pode expressar seus sentimentos sem medo: Não há nada de errado em se sentir deste modo; pode chorar, você deve estar sofrendo muito, não é? Não podemos mudar o curso da história, não é possível a eliminação do problema do outro, mas podemos ser solidários com a sua dor. É também comum acreditarmos que somos responsáveis pelos sentimentos dos outros e vice-versa. Isso gera uma escravidão emocional. O ideal é não culpar os outros pelos nossos sentimentos e nem se preparar para o contra-ataque quando somos acusados de sermos causadores da dor alheia. Voltando novamente ao texto bíblico, vemos que Deus não esconde o jogo a Abraão, diz lhe toda a verdade, fala dos seus sentimentos com realismos. Mais ainda: os homens vão embora, mas Abraão fica na presença do Senhor para expressar com liberdade o que está sentindo (cf. Gn 18,17-22).

Necessidades

Nossa humanidade se revela por nossas necessidades, sendo essencial identificar quais são elas, quais são as minhas necessidades e quais são as necessidades das outras pessoas. Primeiramente, é preciso saber como expressar adequadamente as nossas necessidades. Depois, saber acolher a expressão das necessidades das pessoas. Diante da fome, alguém poderia dizer: você não está vendo que eu estou morrendo de fome? Você poderia deixar de ser preguiçoso e fazer algo para eu comer? Uma comunicação não violenta seria: percebo que você está cansado, que seria melhor descansar um pouco, mas preciso de sua ajuda. Estou com muita fome, poderia me ajudar a fazer algo para comer? No texto, Abraão coloca a sua necessidade sem aumentar o problema, ele quer somente que os justos sejam perdoados e pergunta a Deus sobre essa possibilidade. O Senhor será honesto para responder como pode atender a necessidade do patriarca (cf. Gn 18,23ss.).

Pedidos

É necessário saber comunicar os pedidos de modo que as pessoas estejam dispostas a nos compreender. A comunicação de um bom pedido necessita ser concreta, positiva e para o momento presente. Mesmo expressando-os desta forma, é preciso ter consciência de que os outros não têm a obrigação de realizar o que pedimos. Por exemplo, diante da direção perigosa, alguém poderia dizer: você dirige como um louco! Um modo não violento de comunicar seria: percebo que você está um pouco agitado e com velocidade acima do limite. Seria mais adequado cuidar um pouco. O que acha? No diálogo bíblico, Abraão escolhe as palavras para dizer a Deus, evita ao máximo ser petulante, desrespeitoso, como se quisesse convencer o Senhor tocando-o em sua misericórdia. Disse Abraão: "não leveis a mal, se ainda ouso falar ao meu Senhor, embora seja eu pó e cinza. Se, porventura, faltarem cinco aos cinquenta justos, fareis perecer toda a cidade por causa desses cinco?" (Gn 18,27-28).

Facilmente comunicamos críticas, julgamentos, reclamações e acusações. O mundo digital amplifica esta atitude, pois temos acesso a muitos canais para desabafar sentimentos e ideias cheias de negatividade. O catequista é um arauto da Boa Nova, da alegre notícia da salvação. É profeta, mas não juiz das pessoas.
Abraão e seus diálogos com Deus nos ajudam a entender a importância de construir uma comunicação não violenta, de substituir a hostilidade pela hospitalidade.
O processo de iniciação à vida cristã conta com momentos de hospitalidade? Quais?

2.2 MOISÉS: A HUMILDADE DO VERDADEIRO INTÉRPRETE

Moisés, que significa *salvo das* águas, dispensa apresentações. Ainda bebê, fora colocado num cestinho para que a sua morte fosse evitada. Acabou no palácio, cuidado pela filha do faraó e amamentado pela própria mãe. Cresceu entre os egípcios da corte, mas não se esqueceu de suas origens. Revoltou-se contra os maus tratos desferidos aos israelenses, e acabou fugindo para Madiã (cf. Ex 2). Moisés receberia a grande tarefa de ser instrumento da libertação do povo que se encontrava escravo no Egito.

A saga da missão de Moises nos traz alguns bons ensinamentos para aplicar no mundo comunicacional. Vamos a eles.

O primeiro ensinamento: é preciso considerar que Moisés falava com Deus diretamente. Tudo começou quando exercia o pastoreio e viu uma sarça ardente. Teve no meio das chamas uma primeira experiência decisiva de comunicação divina, que se repetiria várias vezes durante sua vida (cf. Ex 1-12). O que podemos dizer da comunicação de Moisés com Deus?

Moisés tem uma experiência toda especial, algo raro narrado sobre os personagens bíblicos: ele podia ver Deus face a face. De fato, Moisés subia a montanha para falar com Deus, para receber sua mensagem e depois comunicá-la ao povo. Havia uma nuvem que ficava próxima, mas intocável. Por ela, Moisés era o primeiro ouvinte a dirigir a palavra de Deus ao povo: este era o seu programa de vida, sua missão: proclamar a palavra de libertação que vinha do próprio Deus. Portanto, Moisés não é comunicador de si mesmo, não centra a mensagem na sua pessoa, mas deixa claro que há um comunicador acima dele – o próprio Deus.

O catequista é comunicador dele mesmo ou um instrumento da comunicação divina?

Moisés retira as sandálias, em sua primeira experiência de comunicação com Deus. O fato é bem conhecido, o episódio da sarça ardente (cf. Ex 3). Logo que Moisés se aproxima das chamas, Deus pede que retire suas sandálias, pois ele pisa em terreno sagrado. De fato, as suas sandálias, como também os nossos sapatos, trazem o pó da rua. Há aqui um ensinamento bonito: não se pode ouvir a comunicação de Deus, se não nos despojamos daquilo que atrapalha: nosso orgulho, nossas futilidades, nossa falta de sensibilidade à voz de Deus. Assim, ao invés de escutarmos sua voz, corremos o risco de irmos até Deus, e projetarmos nele todos os nossos desejos, pintando um Deus que seja agradável aos nossos esquemas egoístas. Podemos simplesmente permanecer diante da sarça que não para de queimar, de se consumir, sem sermos atingidos por este fogo abrasador. Moisés retira as suas sandálias.

Como nós podemos fazer o mesmo?

Moisés recebeu a revelação do nome de Deus. Sabemos que, na Bíblia, o nome é muito importante. Ele diz o que a pessoa é, define a sua essência, a sua missão. Moisés quis saber quem era este Deus que estava lhe dando uma difícil missão, e a resposta foi: "Eu sou aquele que sou" (Ex 3,14). Deus está dizendo a Moisés que Ele é aquele que faz com que as coisas existam, que Ele é Senhor da vida, da história. Deus diz que Ele sempre estará com o seu povo, jamais o abandonará. Como já dissemos anteriormente, Deus se define em sua ação, e sua ação é sua presença que não falha. Portanto, comunicar Deus é comunicar o seu projeto e sua ação. Ser comunicador de Deus, como um catequista, é comunicar a experiência de um Deus que se faz próximo e que revela uma presença que jamais abandona. Sem esta experiência, Moisés não poderia prosseguir em sua missão. Não deveríamos, também nós, seguir este caminho?

O segundo ensinamento sobre a comunicação de Moisés é que ele conta com colaboradores para lhe auxiliar. Como toda boa cena de vocação narrada pela Bíblia, Moisés, como tantos outros, também arruma uma desculpa e refuta o chamado. Ao receber a missão de libertar o povo em nome de Deus, disse ao Senhor que não havia condições, pois tinha problemas na fala. Alguns chegam a afirmar que Moisés era gago, embora não esteja claro no texto (cf. Ex 4,10). Deus resolve o problema dando-lhe Aarão como intérprete. Portanto, Moisés é um comunicador que é consciente de seus limites e aceita auxílio. Aqui há um testemunho muito útil para os catequistas: é preciso ter consciência de nossos limites humanos, até mesmo técnicos; além disso, é preciso contar com a ajuda dos outros, não ter vergonha ou receio de pedir ajuda. Em outra ocasião, Moisés não tem receio de acolher o conselho de seu sogro para dividir o seu trabalho com homens capazes (cf. Ex 18,13-22). Neste mundo digital, tão acelerado, nesta vida tão cheia de atividades, é muito comum que as pessoas se sintam fadigadas. Também o trabalho pastoral pode gerar sobrecarga e, por consequência, insatisfação. Os catequistas, bem como os demais agentes, precisam aprender com Moisés: a missão é sempre repartida, jamais deve se concentrar em uma só pessoa.

O terceiro ensinamento é que Moisés foi verdadeiro intérprete, mediador entre Deus e o povo, sem desanimar diante da falta de fé das pessoas. Moisés é um profeta, não porque adivinha acontecimentos futuros, mas porque ilumina os acontecimentos da história à luz de Deus. Mas esse contato direto não lhe poupou de dificuldades e oposições. Moisés precisou crescer e até se libertar do seu passado: sua vida era um tanto estranha, pois fora um israelita educado na corte, um homem que poderia ter morrido, mas fora salvo das águas. Quando recebeu a missão divina, precisou manter-se constante na comunicação da mensagem de Deus, pois o faraó tinha um coração duro, demorando a ser vencido. Se não bastassem tantas contrariedades, este homem foi colocado em xeque pelo povo: no meio do caminho, várias vezes o povo desconfiou dele e de Deus, caindo na desesperança. Devolver a esperança com paciência parece ser a grande virtude deste comunicador.

Moisés foi consciente de que o povo sempre espera uma solução pronta, querem um Deus mesmo olhando para um homem. O comunicador deve mostrar que ele é somente um homem, nada mais. Mostrar que ele é apenas o seu profeta, um interlocutor. Isso não é tarefa fácil, sobretudo hoje, em que o mundo é impregnado pelo midiático e espetacular. Os sinais como a água do rochedo e o maná ajudam Moisés em sua credibilidade, mas o povo deveria olhar para onde apontam os sinais de Deus: ele quer a liberdade e a fidelidade deles, isso é importante (cf. Ex 16; Nm 20). Na catequese, temos esta consciência, persistência e discernimento de Moisés? Talvez alguns procurem uma religião que não temos condições de ofertar ou, ao menos, não deveríamos.

***O quarto ensinamento: Moisés não viu a obra concluída.* Moisés não entrou na Terra Prometida.** Diante de sua dúvida, de sua infidelidade, Deus não permitiu que o grande libertador do povo chegasse ao seu destino (cf. Nm 20, 8-13). A missão foi continuada por Josué (cf. Dt 34,1-8). Hoje, a revelação bíblica já nos mostrou que Deus não castiga. O que merece nossa atenção não é a razão pela qual Moisés foi privado de tamanha graça, mas o simples fato dele não entrar. Se pararmos para refletir, é algo terrível: este homem viveu por este momento, todo o projeto de sua existência, que foi conduzir o povo até a Terra Prometida e, então, ele simplesmente não ingressa? Há aqui uma lição: não podemos nos apegar aos nossos projetos. Os projetos acabam sendo transferidos para as mãos de outras pessoas, nós também passamos, ficamos até mesmo esquecidos, por vezes. Convém aprender o que nos diz a *Evangelii Gaudium*: "dar prioridade ao tempo é ocupar-se mais com iniciar processos do que possuir espaços"[19]. Portanto, nossa missão não é concluir obras para abastecer nosso ego, é somente lançar sementes. Moisés é um dos mais importantes personagens da Bíblia, mas não viu a sua obra ser terminada. Mesmo assim, sua vida valeu a pena.

Comunicar a Palavra de Deus, realizar uma missão como mediador da comunicação divina é uma tarefa que nos exige cuidado. Moisés nos ensina que é preciso ouvir antes, depois comunicar. Ao comunicar, é preciso ser humilde: os interlocutores, às vezes, não correspondem, e o trabalho pode ser um peso. Esta atitude humilde é muito importante para os agentes da catequese: o processo de iniciação à vida cristã é exigente, pode causar sobrecargas, desgastes, incompreensões. Os catequistas precisam ter consciência disso, aprendendo, sobretudo, a distribuir tarefas, fugindo da vaidade que nos faz pensar que somos insubstituíveis.

19. EG, n. 223.

2.3 ELIAS: DO BARULHO AO SILÊNCIO

Na Bíblia, encontramos a história de Elias nos dois livros dos Reis. Este profeta viveu no século IX a.C., durante os reinados de Acab e Acazias. Naquela época, Israel era dividido em dois reinos: o reino do norte e o reino do sul. Elias profetiza no norte, num contexto bem difícil. O rei Acab havia recebido Jezabel como esposa, filha do rei dos sidônios, uma aliança política. Com ela veio a idolatria, a adoração do deus Baal. Contra esta idolatria, em meio a turbulências, Elias profetizou, levantando-se como voz de Deus.

O primeiro episódio que nos ajuda a entender o *profeta-comunicador* Elias é o enfrentamento contra os profetas de Baal (cf. 1Rs 18). Elias faz um desafio ao grupo de profetas pagãos. Pede que clamem para que Baal mande fogo para queimar seus sacrifícios. Porém, nada acontece. Somente o Deus verdadeiro é capaz de mandar fogo, somente o Deus de Israel é capaz de defender a causa de seu profeta, somente Ele é realmente forte. O deus barulhento que agora era adorado pela casa real não pode fazer nada. Seria interessante que instigássemos as pessoas a pedir respostas aos seus ídolos: o poder da imagem que é tão ressaltada pelas redes sociais, os artefatos do mundo capitalista e eletrônico, o poder justificado pelo *empoderamento*. Teriam eles força de nos trazer paz, felicidade, sentido? Elias nos ajuda a entender algo fundamental para o mundo comunicacional: o barulho dos ídolos não tem a força de Javé.

Os profetas de Baal foram mortos. É preciso entender que no Antigo Testamento existem muitos destes episódios de vingança, bem distantes da misericórdia do Evangelho. Diante da luta vencida, Elias foi perseguido, a corte real queria a sua morte. Então, o profeta foge, coloca-se a caminho. É ele um peregrino que foge do barulho (cf. 1Rs 19). O profeta caminhou 40 dias e 40 noites até o Horeb: sentiu cansaço, reclamou, pediu o fim de sua própria vida. Como ele, nós também fazemos uma longa travessia, trata-se da vida. No meio do caminho, quem nunca teve motivos para reclamar? São tantas injustiças na vida, tantos sofrimentos que surgem do nada, como uma doença incurável e, às vezes, ficamos inertes, e sem saber explicar os males. Neste momento clamamos a Deus que parece ter nos abandonado.

Depois do seu desabafo, Elias adormeceu diante do cansaço da viagem. Há momentos em que não podemos fazer outra coisa senão descansar, desligar. Quando acordou, percebeu que um anjo lhe trouxera pão e água. Comeu e dormiu. Mas Deus é persistente diante da desolação. O anjo novamente o tocou e lhe disse: "Levanta-te e come porque ainda tens um longo caminho percorrer!" (1Rs 19,7). Em nossa estrada, pode ser que Deus não cure todas as nossas amarguras nem solucione todos os nossos problemas, mas não é insensível a nossa dor. Somente quem passa pelo vale da aridez pode seguir até o Horeb e fazer a experiência de Deus. Parece que a dor preparou o coração do profeta. Na vida de Elias, e na nossa, nada vem sem esforço. Os cansaços de um mundo carregado pela velocidade e multitarefas são certos. Há momentos de parar e desligar.

Ao chegar até a montanha do Horeb, Elias entra numa caverna. Lá espera pelo Senhor, que não vem nem no tremor da terra nem no fogo. Deus se revela numa brisa suave (cf. 1Rs 19,12). Eis aqui algo muito significativo. É preciso ter em conta que Elias foi um profeta de vida agitada e barulhenta. Depois de combater os profetas do *deus do barulho* – Baal, talvez esperasse alguma manifestação portentosa. Mas contra os grandes espetáculos, Deus surge no silêncio da brisa suave. Elias é o profeta do fogo, suas palavras ardem (cf. Eclo 48,1). Porém, toda esta energia vem da solidão, do recolhimento. Hoje estamos diante destas duas dimensões: o mundo precisa de palavras ardentes em sua comunicabilidade, porém palavras que brotem do silêncio. O mundo tecnológico, digital é bem agitado. É uma espécie de Baal. Existe diante de nós um mundo barulhento e até agitado pelo vento. Existem também manifestações espetaculares do religioso, validadas pelo êxito da estética da imagem, da qualidade do som e da aglomeração de grandes massas. Parece que é preciso ter a eficiência de reunir quantidades, para justificar que estamos realmente adaptados ao padrão do mundo comunicacional com suas cores e luzes. E pode ser que verdadeiramente exista alguma validade na tentativa de trazer as pessoas pelo espetáculo, mas é preciso cuidado. Isso porque não encontraremos Deus somente no barulho do poder e do espetáculo, pois Ele é tão suave quanto a brisa leve. Ele é tão silencioso que fala nos momentos de solidão, de retirada. Quão necessários são tais momentos! O mundo comunicacional está carente de espaços de silêncio e de recolhimento. Elias nos ensina essa lição.

Pode existir, porém, uma interpretação equivocada sobre a experiência de Elias na brisa[20]. Num primeiro olhar, parece que Deus vem para lhe dar uma consolação um tanto sentimentalista. Então, poderíamos supor que o futuro que é preparado para o profeta é um caminho repleto de ternuras, de consolações divinas. Mas, isso não é verdade. Vemos nas páginas seguintes do primeiro livro dos Reis, que depois da experiência no Horeb, a missão de Elias continua. Terá que enfrentar as injustiças no episódio de Nabot, será ele o mediador do arrependimento do rei (cf. 1Rs 21). O silêncio da brisa, portanto, não é fuga do barulho comunicacional, mas preparo para vivermos nele orientados pela força que vem do Céu.

Elias sobe aos céus num turbilhão de fogo, não morre (cf. 2Rs 2,11). No Antigo Testamento, apenas dois personagens não morreram: Elias e Enoc. Deste modo, ficam no imaginário popular como uma antecipação da esperança, espera-se até mesmo o seu retorno, como vemos no Evangelho (cf. Mt 17,10-13). Trata-se de um modo da Bíblia reforçar sua importância e sua santidade.

> Homens como Elias não morrem nunca. Toda a sua trajetória foi a dos que vivem morrendo de amor. Sua vida foi arrebatada pelo fogo, dia a dia. O fogo da fidelidade crente que se abrasa ante a indiferença dos que multiplicam suas genuflexões à direita e à esquerda. Sua vida foi ritmada pela voz que o chama a caminhar em uma fidelidade descomprometida[21].

Elias é o homem fiel diante das contrariedades. Questiona este culto que faz dançar dobrando os joelhos, o culto de Baal. Atualizando, seria hoje a preocupação excessiva com os ritos, demasiadas reverências e genuflexões, por vezes nos esquecendo do essencial – a fidelidade ao

---

20. Cf. FLECHA, J.R. Elias: a fé em tempos de crise. In: ALEGRE ARAGÜÉS, J. et al. *Personagens do Antigo Testamento* – volume I. São Paulo: Loyola, 2002, p. 187.
21. Ibid., p. 194.

projeto de Deus. Elias nos faz refletir sobre nossas idolatrias, sobre o nosso desejo de ter um deus que atende às nossas expectativas, um deus mais do barulho e do espetáculo, um deus da corte, popular e colorido, o que nos causa o afastamento do verdadeiro culto "em espírito e verdade" (cf. Jo 4,23). Nesse sentido, Elias nunca morre, sempre é atual, sempre é presente.

Uma comunicação barulhenta se apresenta: conexões, mensagens, postagens, propagandas, solicitações a todo instante... O que fazer diante de tudo isso? Ir para a brisa do silêncio! Os agentes da catequese precisam sempre de brisas em cavernas, de um Horeb. Mas, é preciso ter cuidado com a mentalidade de fuga. Os evangelizadores não fogem. É no meio do barulho comunicacional que se apresenta que a catequese deve viver. Não se pode fugir da realidade para catequizar. Eis nossa missão. Precisamos do caminho longo do itinerário catecumenal, mas alimentados para não desistirmos durante a jornada. Precisamos de uma catequese energética como o fogo, mas que se alimenta da brisa mansa do Senhor.

2.4 JEREMIAS: O COMUNICADOR *DO CONTRA*

O profeta Jeremias é um dos mais importantes e comentados da Bíblia. É um homem de vida contrariada, um profeta sofredor. Nasceu por volta de 650 a.C., em Anatot, próximo de Jerusalém, exercendo a sua atividade entre 625 e 585. Sua profecia se insere em um momento difícil de Judá, anos da invasão da Babilônia (587 a.C.).

Para compreendermos o que Jeremias pode nos ensinar sobre comunicação, é preciso entender o seu contexto. O que de fato estava acontecendo naquele tempo? Havia duas potências que tinham o seu poderio ameaçado: a Assíria e o Egito. Isso porque uma terceira potência emergia – a Babilônia. Havia duas correntes em Judá: uma contrária à Babilônia e outra a favor. Com a morte de Josias e da saída de Joacaz, veio Joaquim, um rei contrário à Babilônia. A questão que Jeremias enfrenta é a seguinte: é melhor lutar contra o novo império ou se entregar? Basta dizer que tudo vai bem, apoiado na religião, se isso não corresponde à verdade?

Aqui começa a lição de Jeremias sobre comunicação, pois ele comunica o que ninguém quer ouvir. Por isso, Jeremias pode ser chamado de um *comunicador do contra*[22]. Enquanto a política, que fazia da religião um instrumento para os seus interesses queria a resistência, opondo-se ao império que se erguia, Jeremias foi chamado por Deus a comunicar uma palavra totalmente oposta, totalmente inaudita: *não está nada bem, não se pode enganar as pessoas, é preciso se entregar* à *Babilônia.*

Jeremias comunica uma palavra incômoda e, por isso, sua profecia é de denúncia. Jeremias chega ao ponto de duvidar que haja um homem justo em Jerusalém (cf. Jr 5,1). No meio da angústia, de sua própria angústia, levanta-se um profeta para desmascarar os profetas do momento que

22. Cf. MESTERS, C. *Deus, onde estás?* Uma introdução prática à Bíblia. Petrópolis: Vozes, 1987, p. 86-91.

eram oportunistas, ou seja, os falsos profetas (cf. Jr 28,1-17; 23,9-40). Este profeta da lamentação comunica a condenação de uma religião somente feita de exterioridades (cf. Jr 6,20): culto sem honestidade, super valorização do templo, sacrifícios, jejuns, oração sem ligação com a vida. Sua mensagem deixa claro que não bastam os ritos e símbolos religiosos se estes não nos levam a agir de acordo com a vontade de Deus (cf. Jr 7,12-15.21-26; 9,24; 11,14; 14,12). Jeremias tem bem claro o que quer anunciar: se os líderes políticos e religiosos nos levam a pensar que tudo está tranquilo e que o Egito irá trazer a salvação, é preciso denunciar esta mentira.

Em síntese, a mensagem comunicada por Jeremias é: defesa do direito dos pequenos, anúncio da libertação dos cativos (que deveria acontecer ao final de cada sete anos), convite ao retorno à aliança, proposta de um novo culto (sem holocautos e sacrifícios), esperança da vinda de um rei que pratique a justiça, o direito e a sabedoria.

As consequências de ser um *comunicador do contra* são inevitáveis. Jeremias foi perseguido. Certamente, quando se levanta um profeta com tal mensagem, logo se anuncia que esse precisa ser detido (cf. Jr 38,4). Por isso, Jeremias foi preso e espancado (cf. Jr 37,11-16). A descrição da vida de Jeremias, sobretudo durante e depois de sua atuação profética, é muito triste: lutou durante vinte e três anos, sem êxito (cf. Jr 25,3), abandonou tudo, até mesmo a sua família, sem conseguir obter recompensa alguma. Até mesmo os seus familiares ficaram contra ele (cf. Jr 12,6). Todos gritaram que ele deveria morrer (cf. Jr 26,8). O que Jeremias poderia esperar da vida? Um profeta que se vê derrotado, sem nenhuma vitória, parece que sua missão foi vã e que sua luta realmente não valeu a pena. Por isso, Jeremias é o homem das lamentações, que chega a maldizer o dia de seu nascimento: "Maldito o dia em que nasci! Nem abençoado seja o dia em que minha mãe me deu à luz" (Jr 20,14). Mas este comunicador não podia se calar, não podia deixar de anunciar a Palavra, pois a recebeu de Deus. Este Deus é um poderoso guerreiro (cf. Jr 20,11), o Senhor o tinha seduzido: "Seduzistes-me, Senhor; e eu me deixei seduzir! Dominastes-me e obtivestes o triunfo" (Jr 20,7).

Diante dessa síntese da missão de Jeremias, podemos aceitar algumas lições importantes trazidas por este profeta para a catequese no contexto comunicacional.

A comunicação exige coragem

O êxito do mundo virtual e do consumo pode nos fazer dizer o que agrada, o que traz aplausos, palco, mídia, likes. Seguindo o exemplo de Jeremias, é preciso comunicar a verdade sem medo. Mas, isso nos custa. Hoje é muito fácil ser criticado, porque as palavras duras são facilmente difundidas, até mesmo as mentiras. No mundo digital todos têm voz e vez, qualquer um pode tentar a fama, mesmo a custa de palavras envenenadas. Também temos que considerar as fake news, que conduzem a muitos serem defensores cegos da mentira sedutora. O caminho de Jeremias se repete. Ser um comunicador do contra exige grande discernimento, serenidade e coragem. A catequese, nesse contexto, não será produtora de uma religião ao gosto do freguês.

É preciso ser anunciador da esperança

É preciso olhar com atenção para a comunicação de Jeremias, percebendo que ele não apenas foi um critiqueiro, um homem amargo que apontava o dedo contra todos. Na verdade, Jeremias comunica também mensagens de esperança para o povo sofredor, ele é um profeta da esperança. Aqui lembramos da proposta do Concílio Vaticano II ao olhar para a pessoa humana. Diz-nos que devemos considerar "as alegrias e as esperanças, as tristezas e as angústias"[23] que afetam o nosso tempo. Hoje surgem catequistas que pregam a desgraça. A simplória pedagogia do inimigo parece convencer a muitos: elege-se um inimigo e se parte para o ataque. O resultado é a coleção de ditos negativos contra o mundo, contra o que poderia desvirtuar a vida do cristão, mas, por vezes, esquecendo-se de anunciar os valores mais importantes do Evangelho. A catequese não pode ser assim. Nem pode se refugiar num passado distante como resposta para o desafio do presente. É verdade que estamos atravessando grandes desafios em todos os sentidos, é evidente que evangelizar nos dias atuais é um desafio cansativo e sem muitas respostas prontas. Por outro lado, é necessário manter a virtude de uma esperança ativa: procurar ver o tempo presente como uma oportunidade para se enfrentar os riscos, lançando-nos para a construção de um futuro melhor. Eis o desafio de quem catequiza.

> A esperança cristã abre-nos, em atitude de infância espiritual, ao Dom do futuro prometido por Deus, evitando-nos toda confusão do reino com uma etapa histórica determinada, toda idolatria ante um êxito humano inevitavelmente ambíguo, toda absolutização da revolução. [...] Esperar em Cristo é, ao mesmo tempo, crer na aventura histórica, o que abre um campo infinito de possibilidades ao amor e à ação do cristão[24].

Jeremias é o *comunicador do contra*. Não tem medo de denunciar as mentiras, enche-se de coragem para enfrentar aqueles que enganam. Embora mergulhado nas lamentações, teve sua fonte de esperança acesa em Deus. Foi, por fim, comunicador da esperança, pois a palavra não pode ser apenas crítica; a palavra comunicada por quem fala em nome de Deus deve provocar alegria, paz, coragem no caminhar. A catequese tem muito a aprender com Jeremias: não se vende à moda nem *ao gosto do freguês*, mas, por outro lado, não se refugia na proclamação da negatividade. A catequese não perde o seu horizonte: ser proclamação da Boa Nova da salvação!

2.5 QOHÉLET: "VAIDADE DAS VAIDADES, TUDO É VAIDADE"

O termo *Qohélet* pode ser traduzido por *aquele que prega* ou *aquele que reúne*. Trata-se de um personagem anônimo, descrito como filho de Davi, Rei de Jerusalém. Sabemos que tais referências apenas são utilizadas para dar importância a quem fala. O livro escrito por este *comunicador anônimo* foi traduzido por *Eclesiastes*. Trata-se do comunicar de uma palavra

23. GS, n. 1.

24. GUTIÉRREZ, G. *Teologia da libertação*. Petrópolis: Vozes, 1975, p. 205-206.

de sabedoria. Este personagem comunica algo muito profundo, comunica um sentido para a vida, um verdadeiro existencialista que nada fica devendo para os que tentam encontrar respostas para a vida humana diante das contrariedades deste mundo complexo, repleto de cores, de coisas e de virtualidades, e também de vazios. O livro do Eclesiastes pode nos ensinar muito sobre viver com sabedoria no mundo comunicacional.

"Vaidade das vaidades, tudo é vaidade. Que proveito tira o homem de todo o trabalho com que se afadiga debaixo do sol?" (Ecl 1,2-3). Quem não se lembra deste versículo? Muito repetido, talvez de modo equívoco, pois *vaidade* aqui não é simplesmente evidenciar a si mesmo, orgulhar-se da aparência ou dos dotes pessoais. O sentido original do termo *vaidade* significa *coisa vã*. O que Qohélet está a nos comunicar? Comunica-nos que não vale a pena se encher de trabalhos, de obrigações, não vale a pena desejar correr tanto atrás do dinheiro, não vale a pena se encher de compromissos, deixando repleta uma agenda que sufoca. A vida é breve, passa como fumaça e, de repente, vemos que os anos se passaram e, simplesmente, não vivemos com profundidade. Quando quiser aproveitar o que foi construído, quando quiser gozar do seu dinheiro e do seu sucesso, já será tarde demais. A morte virá para todos, a morte virá com certeza, não se pode fugir dessa realidade.

A vida é um tique-taque do relógio, uma espécie de monotonia repetitiva. Mas diante das repetições das horas, a vida vai amadurecendo, é preciso respeitar estes ciclos, não se preocupar em demasia. "Existe um tempo para cada coisa..." (Ecl 3,1ss.). O texto é bem conhecido. A comunicação é simples e fantástica: como estou aproveitando o meu tempo? Estou vivendo com intensidade cada minuto?

É preciso saber gozar a vida. Parece estranho, a Bíblia nos falando para aproveitar, não é mesmo? Não nos teriam dito que o sentido está em sofrer? Obviamente, Qohélet não está recomendando que devemos viver como escravos do prazer ou das posses, mas sim aproveitar o presente, as coisas que estão diante de nós, o pouco que temos. E quem disse que é necessário ter muitas coisas para ser feliz? Viver o prazer, com a moderação que lhe é devida, no presente. Eis o desafio. Sim, viver o presente, o agora, não viver ansioso diante do futuro. Gozar o agora é uma mística que até mesmo os espiritualistas que não professam uma fé estão defendendo. Fala-se hoje do *fruir da existência*: aquela energia que emerge da vida, que pode ser percebida na brincadeira da criança, no beija-flor que saboreia a planta, no mar em sua imensidão, no encontro de amigos, na reunião da família, nos instantes de alegria que a vida nos proporciona... A graça do instante dado por Deus. Não deixar esses momentos passarem em vão é o segredo que o Eclesiastes nos comunica. Por isso, nos diz Qohélet que devemos viver com alegria o que está diante de nossos olhos, comer o pão da mesa com alegria:

> Come com alegria o teu pão e bebe contente o teu vinho, porque Deus se agrada de teus trabalhos. Traja sempre vestes brancas e haja sempre azeite perfumado em tua cabeça. Desfruta da vida com a mulher que amas, durante todos os dias da fugitiva e vã existência que Deus te concede debaixo do sol. Essa é a tua parte na vida, o prêmio do labor a que te entregas debaixo do sol. Tudo o que tua mão encontra para fazer, faze-o com todas as tuas faculdades, pois que na região dos mortos, para onde vais, não há mais trabalho, nem ciência, nem inteligência, nem sabedoria (Ecl 9,7-10).

O que dissemos do profeta Jeremias também pode ser aplicado ao Qohélet: estamos diante de mais uma *comunicação do contra*. A razão é simples: os textos do Antigo Testamento não costumam falar com tanto realismo assim. Ao menos, não em relação ao sofrimento, pois ainda o povo da Bíblia acreditava na *teologia da retribuição*. A maioria dos textos entendia que uma vida de fidelidade a Deus era repleta de recompensas, uma espécie de teologia da prosperidade do passado: se estou com Deus, sou próspero! Ainda existe quem acredite nisso, parece soar bem aos ouvidos do nosso tempo, tão preocupado com o êxito pessoal, individual, à custa de exercícios de reprogramação do *eu*, com o auxílio de *autoajudas*. Por vezes, a religião pode entrar nesse mesmo caminho. Voltando à Bíblia, é preciso perceber que livros como Eclesiastes e Jó são quase blasfemos, mas são estas blasfêmias, estas palavras que questionam sem se importar com a censura, que constroem algo de novo, que nos faz pensar e nos salvam das ilusões[25].

O comunicador Qohélet é alguém realista. É uma grande honestidade e sabedoria admitir que a vida é passageira e que devemos nos alegrar com ela, que devemos extrair o maior prazer de cada instante. Só um homem velho e, portanto, sábio, poderia dizer isso, só a sabedoria dos anos entende isso com grandeza (cf. Ecl 11,7-12,1). Mas, independentemente da idade, todos podem viver esta mística. Por que chegar à velhice para descobrir que perdemos tempo? Uma escuta atenta à comunicação do livro do Eclesiastes pode nos poupar de infortúnios e de energias gastas com o que não merece nosso empenho. Parece sábio *encurtar os caminhos*, fazer o simples, o certo, o sábio, o que é possível.

A mística do comunicador Qohélet está em sintonia com o Evangelho. Jesus, certa vez, conta uma parábola sobre um homem que construiu um grande celeiro para guardar o seu excedente, para garantir o seu futuro (cf. Lc 12,16-21). Jesus chama o homem rico de *louco, insensato, tolo*. Fazer grandes projetos para o futuro, por vezes, pode ser uma armadilha: oculta-nos a consciência de que somos finitos, de que a vida passa e de que não levaremos nada deste mundo. A verdadeira esperança não é acreditar que em um futuro haverá felicidade ou abundância, mas no modo como vivemos o presente. Há quem diga: *quando eu for promovido, quando eu tiver mais tempo livre, quando eu me aposentar, então serei feliz*. Esses pensamentos nos privam da maior graça que Deus nos concede que se chama, não por acaso, de *presente*. A vida é um *presente*, mas precisa ser vivida com toda energia, sem economias, sem reter, no agora, neste momento da história. Em cada nova cena do cotidiano há uma oportunidade de viver o Reino, de sorver os aromas da vida, de aprender, de encontrar pessoas, de contemplar a criação, de repartir a existência. Viver a mística do momento presente[26].

Qohélet parece ter uma mensagem tão clara, tão evidente. A vida, aos olhos da sabedoria, não é tão complicada. Porém, por que não vivemos assim? Segundo o Eclesiastes, o ser humano arruma os seus próprios problemas, suas próprias complicações:

---

25. Cf. SCHÖKEL, L.A. Qohélet: um pós-moderno na Antiguidade? In: ALEGRE ARAGÜÉS, J. et al. *Personagens do Antigo Testamento*. São Paulo: Loyola, 2004, p. 215.
26. Sobre este tema, cf. TOLENTINO, J. A mística do instante. São Paulo: Paulinas, 2016.

> Eis o que encontrei, diz o Eclesiastes, examinando uma coisa com outra, para chegar à razão. Eis o que procuro continuamente sem descobrir: encontrei um só homem entre mil, mas nenhuma mulher entre todas. Somente descobri isto: Deus fez o homem reto, mas é ele quem procura os extravios (complicações) (Ecl 7,27-29).

Parece que não estamos falando de comunicação, não é verdade? Mas, pelo contrário. Os ensinamentos sábios de Qohélet são fundamentais para o nosso mundo comunicacional. Isso porque o mundo digital amplificou as ocupações diárias e acelerou a vida. É também verdade que, neste contexto, a existência corre o risco de se transformar numa luta frenética para trabalhar, pagar as contas e, se possível, acumular. Um mundo em que vivemos inseridos nas atividades e *hiper-conectados*. Isso nos priva do fruir da vida, escraviza-nos... Quando não acumulamos verdadeiros tesouros (amor, partilha, amizade, doação, conhecimento, fé) ficamos com tesouros falsos, que são corroídos pelo tempo, tesouros que nos prendem o coração e nos roubam a liberdade. Assim, é a velocidade cibernética do contexto comunicacional, a sedução do dinheiro, a busca pelo êxito que não permite falhas, o gosto pela fama e pelo poder... São ilusões! Nas palavras do livro do Eclesiastes são *coisas vãs*.

A sabedoria do Qohélet nos diz: "come teu pão com alegria". Ou seja, aproveite a vida, viva a intensidade do fruir da vida. A iniciação à vida cristã é uma oportunidade para o exercício dessas máximas de sabedoria. A catequese é o lugar da comunicação desse *sabor* da existência.

Por vezes, o trabalho pastoral pode ser uma agenda ilusória. Também dentro da agenda catequética é preciso haver momentos para partilhar a felicidade da vida. Catequistas não são escravos de atividades extenuantes, mas seres humanos que desejam, do fundo do coração, comer o seu pão com alegria. Que tal um grupo que partilha do seu pão e o come com alegria?

2.6 PEDRO: DE QUESTIONADOR A QUESTIONADO

Pedro dispensa apresentações. Era um pescador, chamado de Simão. Mas, seria transformado pelo Senhor em Pedro, do grego *Cefas*, ou seja, *pedra*. Vamos falar desse comunicador, diante de sua importância para toda a história do cristianismo. Teremos que nos deter em suas fragilidades para aprender dele alguns caminhos comunicativos.

Pedro nos ensina sobre comunicação a partir de seu itinerário, ou seja, o seu caminho de amadurecimento. Tudo começa às margens do Mar da Galileia. Certamente, a presença, a palavra e os gestos de Jesus o tocaram profundamente. Quando se encontra com aquele Mestre fascinante, acontece, a pedido de Jesus, uma fantástica pesca milagrosa. Nosso comunicador Simão se reconhece como pecador, reconhece a sua pequenez diante da grandeza de Deus. As palavras do Mestre de Nazaré são decisivas: "Não temas, doravante serás pescador de homens" (Lc 5,10b). E o texto ainda acrescenta que ele deixou tudo para seguir o Senhor.

Seria um erro pensar que já estava tudo resolvido, que Pedro já entendera tudo. Na verdade, Simão Pedro já conhecia Jesus, mas não com profundidade. Teve uma experiência profunda e decisiva de alguém que transformou a sua vida. Contudo, não sabia quem realmente era Jesus, qual a sua real proposta, que caminhos deveria enfrentar e qual seria o seu fim.

O itinerário continua. Jesus faz perguntas sobre si mesmo e espera respostas. Pedro fará a sua confissão, reconhecendo que Jesus é o Cristo. Porém, logo após tão grandes palavras, o mesmo apóstolo demonstra que não sabe que Messias está seguindo (cf. Mc 8,27-30). Jesus faz a primeira predição da paixão, manifestando que deveria padecer, ser rejeitado e morto. O Senhor não quer iludir os seus discípulos, é realista, fala com clareza da cruz. Mas, depois das palavras de Jesus, Pedro começa a repreendê-lo, fazendo com que Cristo reconheça que Pedro faz o papel do tentador, portador de sentimentos humanos e não divinos (cf. Mc 8,31-33). Que ousadia... Pedro simplesmente não queria permitir que o Senhor mantivesse o seu caminho. Por isso, foi chamado de *Satanás*: instrumento que tentava Jesus a desistir de seu caminho, transformando o seu messianismo em êxito deste mundo, longe do projeto do Reino. Isso é o que queria Pedro e seus colegas de caminhada: desejavam o Messias do êxito, um rei deste mundo, um reino de benesses. Um messias que realizasse a vontade deles, nada de conformar a vida à vontade divina. Na metade do caminho de Jesus com os seus discípulos surge uma crise. Pedro parece o mais afetado, ao menos é ele o interlocutor do grupo. A crise é sempre um confronto entre quem Deus realmente é e quem eu gostaria que ele fosse; entre meus desejos egoístas e a vontade de Deus. Quando descubro quem é Deus, quem é Jesus, devo retomar a minha própria questão existencial: "Quem sou eu?" e "Quem devo ser?"

Ao longo da vida pública de Jesus foram muitos os contrastes. Muitos deles oportunizados por Pedro. Quando chega o momento derradeiro do Senhor, Simão foge e nega. As coisas somente seriam mais bem esclarecidas para ele ao fazer a experiência do Cristo Ressuscitado (cf. Jo 21,1-23). Interessante perceber que, na aparição do Senhor aos discípulos, há também um convite para que pesquem. Parece que Jesus quer recordá-los do princípio, afinal tudo tinha começado no meio de uma pesca, de chamados à beira do Mar. Do mesmo modo, como naquela pesca narrada por Lucas, os discípulos realizam uma pesca frustrada, não pescando peixe algum. Então, surge o inesperado – o próprio Cristo aparece! Novamente, Ele ordena que joguem as redes, fazendo com que se realizasse uma pesca extraordinária, o que levou o discípulo amado a reconhecer o Mestre: "É o Senhor!" Diante dessa afirmação, Pedro lança-se às águas. Os discípulos puxam a rede e se encontram com Cristo, sem dúvidas de que realmente Ele estava vivo. Tendo comido com eles, temos um emocionante diálogo entre Jesus e Pedro. Por três vezes, Jesus pergunta a Pedro se ele o ama: "Simão, filho de João, tu me amas mais do que a estes?"; devolvendo as três vezes que o havia negado, Pedro responde afirmativamente por três vezes: "Sim Senhor, Tu sabes que eu te amo!" Bonito ver que Jesus não pergunta sobre a sua qualidade de apóstolo, nem mesmo exige contas do vacilante Pedro que o havia traído. Jesus apenas pergunta: "Tu me amas?" Jesus deseja apenas o amor daquele que foi escolhido para apascentar as suas ovelhas.

Pedro é o modelo do apóstolo amadurecido. Não é mais o Simão eufórico que seguiu a Cristo sem pensar nas consequências, não se mostra mais impulsivo e questionador diante das propostas do Senhor. Agora, Pedro sabe o que é ser seguidor de Cristo, sabe que seu caminho é o mesmo do Mestre, ou seja, o caminho da cruz. Assim, após as três respostas afirmativas, Cristo diz a Pedro que quando era jovem ia aonde queria, porém chegaria o momento em que deveria estender as mãos, sendo conduzido para onde não desejaria ir. Pedro, agora está preparado para o inesperado, para uma vida sem seguranças, para dar a vida, para amar verdadeiramente a Cristo mais que a si mesmo.

Portanto, Pedro é um homem de contrastes que foi capaz de mudar. O apóstolo escolhido para conduzir a Igreja tinha temperamento volátil, imprevisível. Mas, o Espírito Santo moldaria esse comunicador questionador, transformando-o num líder discernido, um verdadeiro *homem-rocha*, significado do nome dado pelo Senhor. É assim que precisamos olhar para os santos. É preciso perceber suas fragilidades, é preciso perceber o caminho que eles fizeram, pois como eles, estamos todos a caminho. Isso porque santidade não é uma autoperfeição que coloca o sujeito em uma categoria superior. Santificação é um processo doloroso que parte do húmus da terra, do segredo do coração da pessoa. Mais do que ser perfeito, a questão é aprender no caminho, é estar disposto a crescer, a crescer nas crises, a crescer nos confrontos, a mudar posicionamentos. Pedro, o comunicador questionador, acabou indo para onde não queria, não sem antes negar o mestre. Podemos acreditar que a pergunta de Jesus sobre sua identidade (*quem dizem os homens que eu sou?*) nunca o abandonou. Segue Pedro o seu caminho indagando: *Quem és tu Senhor? e... Quem devo ser?*

As perguntas nunca lhe abandonaram, eis aqui a grande lição comunicacional desse homem. Ele sempre estava disposto a interrogar, mas, ao mesmo tempo, mostrava-se relutante à mudança. Em Cesareia de Filipo, vemos que Pedro chamou Jesus a parte para lhe reprovar (cf. Mc 8,32). Parece que era característico de Pedro passar de um extremo ao outro, de mostrar com clareza o que sentia. Na última ceia, quando Jesus procura lavar-lhe os pés no cenáculo, o imoderado discípulo exclamou: "Nunca me lavarás os pés". Jesus, porém, insistiu e Pedro disse: "Senhor, não somente os meus pés, mas também as mãos e a cabeça" (Jo 13.8,9). Um questionador instável era ele.

Uma imagem ajuda a defini-lo: Pedro parece estar sempre no mar agitado pelos ventos (cf. Mt 14,22-36). Este comunicador interrogante quer caminhar seguro, mas logo afunda. Se Deus é brisa suave, o cotidiano da vida nos prepara ventos fortes e impetuosos, águas agitadas. Em meio a tudo isso ainda temos que conviver com os fantasmas da noite. Pedro viveu tudo isso, como todos nós: aprendeu que atravessar os conflitos de modo fraquejante é dar oportunidade para o naufrágio. Jesus não quer que isso aconteça, quer que Pedro navegue. No meio de tanta ventania, Ele reserva uma brisa suave. A brisa para um homem agitado!

Podemos concluir, portanto, dizendo que Pedro foi *um questionador que se tornou questionado*. Um homem capaz de contrariar, de fazer objeções, de perguntar, mas, sobretudo, de encontrar respostas. De afundar, mas também de emergir. As questões mais importantes não foram aquelas exteriorizadas, mas certamente as perguntas que Pedro fez a si mesmo. São paixões e dúvidas que nos perseguem, que nos derrubam por vezes, que nos assaltam. Pedro precisou combater este jeito *sabe tudo*. Parece ser ele aquele sujeito que sempre interrompe o diálogo e se mete, diz o que pensa, questiona, até atrapalha. Esse discordante chato teve uma escolha predileta do Mestre: não foi sem razão que o Senhor lhe escolheu para ser rocha, precisava de um homem forte. Mas, sua força foi forjada nas interrogações. Seu maior combate foi contra o desejo de conservação: é preciso coragem para deixar convicções antigas, apegos de falsa segurança, e pensar diferente, libertar-se, abrir-se e ver mais longe. Isso fez Pedro ao mudar o que ele pensava sobre Cristo e sobre a sua própria vida. Então, aquele que já havia negado o Cristo por três vezes, ao reafirmar o triplo do amor ao Mestre, acaba sendo cingido para ir para onde não desejava. De fato, nem tudo é como a gente quer, o chamado de Deus é um desafio que nos faz sair da comodidade e enfrentar a aventura de sair de si mesmo.

Pedro foi capaz de fazer perguntas e se questionar. O Processo de iniciação à vida cristã é o lugar das perguntas que fazem amadurecer. Cada pessoa deve também se tornar adulto à estatura de Cristo (cf. Ef 4,13), esta é a missão da catequese adulta. Este caminho começa em tenra idade e nunca nos abandona. Para que isso aconteça, boas perguntas devem ser feitas. A catequese não é uma coleção de perguntas às respostas que nunca foram postas, mas um processo que faz as perguntas fundamentais. Felizes os que são capazes de se questionar, de mudar ideias, de caminharem com a capacidade de abertura. Comunicar é questionar-se. Mas, antes, que cada um se interrogue: *Quem sou? Quem devo ser?*

2.7 PAULO: MULTIFACETAS DE UM COMUNICADOR GLOBALIZADO

Paulo nasceu em Tarso entre os 5 e 10 d.C. Seu nome original era *Saulo*, depois adotou o nome de *Paulo*. Trata-se de uma figura importantíssima para a história do Cristianismo. Foi ele o grande responsável por comunicar a mensagem de Cristo para fora dos limites da Palestina, além de ser aquele que escreveu a maior quantidade de livros do Novo Testamento. Certamente, as melhores fontes para conhecer este homem conhecido como *apóstolo dos gentios* (apóstolo dos pagãos, daqueles que não eram judeus) são suas cartas e o livro dos Atos dos Apóstolos (escrito pelo evangelista Lucas).

A abundância dos escritos de Paulo nos concede muito material para extrairmos lições para o mundo comunicacional. Por isso, podemos dizer que Paulo tem multifacetas comunicativas. Tentaremos elencar algumas delas.

Paulo foi um comunicador inculturado e globalizado. Paulo nasceu na cidade, era homem urbano. Se Jesus utiliza elementos agrícolas para comunicar o evangelho (plantação, pássaros, árvore, semente...), o *apóstolo dos gentios* usa expressões urbanas (edifício, atletas, corrida no estádio, escravos, livres...). Nascendo em uma cidade grega, foi formado na cultura helênica, ou seja, aprendeu grego e foi influenciado pela filosofia da época. Nos seus escritos percebemos traços do *estoicismo*, que defendia a ideia de que não podemos nos deixar abater por coisa alguma (cf. Fl 4,13). Por outro lado, é preciso ter em conta que Paulo é judeu, recebeu formação hebraica: entre os judeus, a alfabetização era importante para o menino que deveria ler na sinagoga a partir dos 12 anos. Além disso, Paulo recebeu formação de *fariseu*. Aos 15 anos, este comunicador deixaria Tarso para estudar em Jerusalém na escola de Gamaliel, um rabino de linha mais liberal (cf. At 22,3). Assim, sendo de origem hebraica, falava hebraico e aramaico. E sendo grego, falava grego e possivelmente latim, a língua do Império Romano. Frequentou grandes cidades, soube viver com o diferente, não teve medo de outras culturas, não se fechou em seu mundo. E ao mesmo tempo foi fiel às tradições da Escritura (cf. 1Cor 10,1-13; Rm 9-11), ao modo hebraico, bem como foi fiel ao modo grego e urbano. Portanto, Paulo faz a síntese entre Bíblia e cultura, tão necessária para uma catequese atualizada: de um lado olhamos para a cultura, de outro para o dado revelado.

Paulo comunica por cartas. O envio de cartas está um tanto longe de nossa cultura digital. Mas, certamente, hoje, Paulo comunicaria muito mais com os meios que temos disponíveis, pois com recursos de sua época já fez muito. As cartas são como uma extensão desse apóstolo comunicador. Tendo conhecido a comunidade, envia cartas que tentam substituí-lo enquanto está em viagem ou em outra comunidade. Às vezes, Paulo endereça cartas a uma comunidade desconhecida, como é o caso da Carta aos Romanos. Paulo não escreve pessoalmente, mas se serve de secretários: Tércio (cf. Rm 16,22), Silas, entre outros. Paulo dá o teor da carta, os secretários escrevem, e talvez fossem lidas e corrigidas pelo apóstolo. Porém, em algumas ocasiões, Paulo escreve de próprio punho (cf. 1Cor 16,21; Gl 6,11). O mais importante é que as cartas deixam transparecer a sua relação de proximidade com as comunidades e, por isso, ele é tão conectado aos problemas existentes em cada uma delas.

As cartas de Paulo são, portanto, ocasionais. Não são cartas teóricas, não são desenvolvimentos de tópicos doutrinários. Paulo escreve para tentar resolver problemas das comunidades, fala do instante presente, do que se passa. Os problemas históricos e as questões particulares estão diante das comunidades, e mesmo de Paulo. Diante de tudo isso, Paulo faz uma catequese aplicada, uma teologia desenvolvida a partir de algo muito setorizado, sem ter um temário, um sumário de temas, o que não significa que não haja unidade no seu pensamento. Assim, importante para nós é perceber que Paulo é um catequista que fala a partir da realidade, do desafio que se constata. Primeiro olha para a vida, depois para a Palavra de Deus como luz, faz verdadeira interação entre fé e vida[27].

O centro da comunicação é Jesus Cristo. Paulo não conheceu Jesus historicamente, mas fez a experiência do Cristo Ressuscitado. Apoiado na pregação da Igreja nascente coloca como centro de sua comunicação a salvação trazida por Cristo Jesus. O anúncio é o *evangelho de Cristo*, que significa, sobretudo, a comunicação da pessoa de Jesus, principalmente sua morte e ressurreição (cf. Rm 1,9; 1Cor 9,12; 2Cor 2,12; Gl 1,7; Fl 1,27; 1Ts 3,2). Não há outro caminho para ser cristão senão a adesão ao Senhor Jesus (cf. Gl 2,16; Fl 1,29). Para ele, o centro da vida deveria ser Cristo (cf. Gl 2,20), pois Ele é a chave de leitura para a história e para o ser humano. Paulo é, portanto, exemplo de uma *catequese cristocêntrica*[28].

Paulo se comunica com o coração. Paulo partilha sua experiência de vida, tendo apreço por falar de lutas, ao modo grego e romano: "combati o bom combate" (2Tm 4,7). De fato, a vida é uma luta. Quem não quer desafios, pressão e interrogações, não pode seguir adiante. Paulo expõe as suas lutas, comunica a sua dor. Suas cartas nos ajudam a entender o quão duras eram suas viagens, cheias de flagelos, naufrágios, perigos (cf. 2Cor 11,24-28).

27. Catequese Renovada, n. 113.
28. CT, n. 5.

E o que dizer de seu espinho na carne? (cf. 2Cor 12,7-10). Trata-se de um grande mistério, mas é certo que uma grande dor (espiritual ou física) acompanhou a sua vida. Por outro lado, o coração de Paulo se derrama em sua ternura. Paulo exerce uma paternidade e uma maternidade para com os seus: apresenta-se como pai e mãe de sua comunidade, pois vemos nele sentimentos e atitudes de firmeza e de ternura (cf. Gl 4,19). Dores e ternura são as expressões de uma catequese que comunica o seu próprio coração.

Paulo é um comunicador aberto. Tudo começou na estrada de Damasco. Lá sua visão mudaria: de um ferrenho observante do judaísmo da época se transformaria em um comunicador da gratuidade amorosa do Senhor, de perseguidor a perseguido (cf. At 9,1-25; 22,6-16; 26,1-23). Como fariseu, Paulo era apegado à lei (cf. Fl 3,5). Era um cumpridor dos detalhes da lei, pois isto era a garantia da benção de Deus. A religião judaica defendida por Paulo, inicialmente, prega que a fiel observância da lei garante a retribuição de Deus. Como cristão, Paulo passa a entender que Deus ama antes de nossa observância. Compreende que Deus não espera que sejamos bons para mostrar o seu amor, mas que ama a todos, ama até os pecadores (cf. Rm 5,8). Entende que "Jesus Cristo me amou e se entregou por mim" (Gl 2,12). Paulo substitui o *deus do legalismo* pelo *Deus da gratuidade*. Se os judeus tratavam os pagãos como cães, como pessoas impuras, Paulo rompe com essa visão. Sendo influenciado por um contexto de abertura ao diferente (lembremos que ele morava em país estrangeiro) e, sobretudo, ao descobrir Jesus Cristo, entende que todos merecem a salvação e que não há diferença entre aqueles que seguem o Senhor (cf. Gl 3,28). Para a catequese é muito importante que os catequistas sejam abertos, pessoas capazes de ver a realidade, estudar, perceber os sinais dos tempos e, sobretudo, cultivarem a capacidade de trazer ideias abertas em uma sociedade que exige janelas abertas, ares frescos. A catequese não é a identificadora das coisas impuras e dos pecadores, pois tudo é puro para os puros (cf. Rm 14,14).

Um comunicador debatedor e dialogante. O espírito aberto de Paulo não lhe retirou a força argumentativa. Pelo contrário, Paulo gosta de dialogar, debater, provar. É bom debatedor. Faz isso usando a linguagem e os recursos disponíveis no seu tempo. Vemos em Paulo o modo de argumentar dos filósofos como a *diatribe* (perguntas e respostas para si mesmo, como se tivesse fazendo uma acusação: cf. Rm 2,1; 3,3s.; 1Cor 9,1ss.), ou ainda *interrogações retóricas* (cf. Rm 6,16; 1Cor 3,16). Falando sobre o estilo de Paulo, podemos ainda destacar suas *comparações* (cf. 1Cor 9,24-27) e o uso de *antíteses* (cf. 2Cor 3,1-4). Mas, Paulo é um comunicador sensível aos dramas de seu tempo e sabe dialogar com paciência. Isso foi muito necessário na Igreja primitiva, diante do conflito na questão *dos judaizantes*: enquanto alguns acreditavam que deveria haver necessidade da fidelidade aos ritos judaicos, as prescrições de Moisés (cf. At 10,14-28; 11,3; 21,20), outros eram mais abertos. Paulo pertencia a esse segundo grupo. Não achava necessário cumprir preceitos como a circuncisão, por exemplo. Paulo era defensor da liberdade. Para ele, existe uma nova consciência a partir da adesão a Cristo (cf. Gl 5,1), não mais servindo às normas impostas de fora, sem uma conversão a partir de dentro, no Espírito. Paulo anuncia uma liberdade fundada no amor (cf. Gl 5,13). Os problemas da Igreja nascente somente foram resolvidos numa espécie de Concílio realizado em Jerusalém (At 15). Mas é importante ressaltar que Paulo fez um caminho de coragem ao discutir, pregar, explicar até ao questionar Pedro, que era de opinião divergente (cf. Gl 2,11-14).

Existe a diversidade, o pluralismo, isso não é um defeito. Nesse sentido, a postura de Paulo é muito atual, pois hoje percebemos que ainda há dificuldade de novas interpretações. Muitos olham para as mudanças da Igreja com desconfiança, como se ela estivesse traindo sua tradição. Quem pensa desse modo, não sabe que a tradição é dinâmica, não deve ser fossilizada, parada no tempo. É importante perceber que, em cada tempo, surgem novas questões e é preciso novas soluções. A Igreja caminha com a história. Nesse sentido, a comunicação na evangelização não é mera reprodução de ideias do passado, mas atualização. Trata-se de trazer o antigo, mas para interpretar o novo, sem se fixar em tradições antigas que não fazem mais sentido. Paulo nos ensina que a comunicação deve ter uma abertura capaz de amolecer a rigidez, derrubar preconceitos, deixar de lado a soberba e a autossuficiência. É preciso ter autocrítica, espaços de liberdade e de diálogo dentro da Igreja. A catequese pode ajudar muito nesse caminho.

Paulo nos ensina que a comunicação exige a capacidade de questionar e dialogar. Paulo foi mestre nisso, não se deixou abater, foi até discutir com Pedro, chegando a repreendê-lo. Todos podem ser questionados, não é proibido perguntar ou discordar. Hoje, existem aqueles que reclamam de tudo e de todos, além daqueles que estão incomodados com os passos que a Igreja vai dando ao longo da história. Não convém que os catequistas, se calem e não tenham capacidade de diálogo, que não olhem para a realidade a sua volta com coragem, sem o desejo de uma Igreja cada vez mais comunicativa para o tempo em que vivemos. Devemos seguir o exemplo de Paulo em sua coragem ao se adaptar à realidade dos pagãos da cidade, às novas questões que surgiam. Se assim não fosse, a Igreja nunca sairia de Jerusalém, e não deixaria de ser um pequeno gueto fechado. Como a catequese a serviço da iniciação à vida cristã pode aprender de Paulo a se comunicar com liberdade e abertura?

2.8 MARIA: COMUNICAÇÃO QUE BROTA DO SILÊNCIO

Encerramos nossa lista de personagens comunicadores, com uma mulher afinal. E com a maior de todas as mulheres: a mãe do Filho de Deus e nossa mãe, Maria. Sua comunicação feminina é peculiar: são palavras pontuais, seletas, mas também silêncios pontuais. Um equilíbrio que nos ensina muito. Vamos aos ensinamentos.

A primeira lição comunicativa que desejamos ressaltar em Maria se encontra no texto da Anunciação, em seu diálogo com o Anjo Gabriel (cf. Lc 1,26-38). Nesse diálogo, *Maria é comunicadora reflexiva e interrogativa*. Logo que é saudada, o evangelista Lucas nos diz que: "Perturbou-se ela com essas palavras e pôs-se a pensar no que significaria semelhante saudação" (Lc 1,29). Portanto, Maria ficou intrigada, ou seja, refletiu sobre as palavras do Anjo. Maria é uma Mulher sábia, que medita, que pensa, para depois poder dizer uma palavra. De fato, sua palavra nao é fruto do impulso, mas fruto da reflexão, é questionadora: "Como se fará isso, pois não conheço homem algum?" (Lc 1,34). Maria não é uma mulher ingênua que acolhe o chamado de Deus de modo romântico, como, por vezes, colorimos no tempo de Natal. Pelo contrário, Maria está atenta, sintonizada com o que se passa, pergunta por que deseja saber melhor sobre a proposta, não aceita as coisas sem que haja clareza.

Maria nos ensina que a comunicação exige reflexão prévia. Primeiro pensar, depois falar. É o que manda a sensatez. Maria nos ensina que a comunicação pode ser interrogativa, pois não se pode acolher uma palavra de modo ingênuo. Maria ainda nos ensina que a comunicação deve ser clara: pediu clareza ao anjo, pois deseja saber de fato tudo o que está proposto. É preciso haver clareza para que não pairem dúvidas e imaginações. Por vezes, os diálogos são repletos de subterfúgios, deixando sempre margem para diferentes interpretações, o que pode acarretar consequências desastrosas. De sua confrontação com ela mesma e com o Anjo surge uma resposta de assentimento: "Faça-se em mim segundo a tua palavra" (Lc 1,38). Uma comunicação que nasce da escuta da Palavra nos leva ao assentimento da vontade do Senhor, eis o que acontece com Maria[29].

A segunda lição se encontra no episódio da visita à sua prima Isabel (cf. Lc 1,39-45). Maria é a primeira evangelizadora da história. Maria saiu apressada (cf. Lc 1,39), pois o amor tem pressa, há pressa para realizar, pela primeira vez, a comunicação da Boa Nova da salvação. Para chegar lá, precisa percorrer grande distância (uns 120 km) e passar pela região montanhosa. A comunicação do Evangelho implica em superar obstáculos e não se acomodar. Maria passa por entre as montanhas, vai ao seu destino. A visita de Nossa Senhora à sua prima Isabel é a visita do próprio Deus. E o que Maria comunica em sua visita?

- Maria comunica a paz. A saudação que chega aos ouvidos de Isabel é o shalom, saudação própria dos judeus. Shalom é a abundância de vida e felicidade, a realização das promessas divinas, ou seja, a presença do Messias com todas as suas bênçãos.
- Maria comunica a alegria e a presença do Senhor. A presença e a saudação de Maria produzem um salto de alegria em Isabel e o pequeno João Batista se estremesse em seu ventre (cf. Lc 1,44). Como Maria havia recebido uma palavra de alegria do Anjo, agora proclama à Isabel a mesma alegria. Ela nos ensina que o conteúdo da comunicação é a alegria.
- Maria comunica o Espírito. Em Isabel, podemos dizer que o Pentecostes é, de algum modo, antecipado. Num êxtase do espírito, Isabel pronuncia a primeira profecia do Novo Testamento, depois de estremecer de alegria: "Bendita és tu entre as mulheres e bendito é o fruto do teu ventre. Como posso merecer que a mãe do meu Senhor me venha visitar?" (Lc 1, 42).

Paz, alegria e o Espírito Santo. Ao comunicar a Boa Nova, ao portar o Cristo como mensagem da salvação, a catequese tem esta tarefa. Hoje falamos tanto de personalização dos processos de evangelização, de pequenos grupos, de lugares onde cada um é visto, reconhecido, acolhido. Então, os antigos *cursinhos preparatórios* são substituídos por encontros personalizados e as casas são transformadas em pequenas igrejas para encontros de catequese. A Igreja, em especial os processos de iniciação à vida cristã, pode se inspirar muito na primeira visitadora do Novo Testamento, a primeira evangelização personalizada da história: Maria, a sua prima. Visitas autênticas são realizadas na alegria do Espírito, são portadoras da paz, enchem o coração de esperança e os lábios de profecia.

29. Cf. BOFF, C. *Introdução à Mariologia*. Petrópolis: Vozes, 2004, p. 49-52.

O texto da visitação segue com a proclamação de um hino – o Magnificat (cf. Lc 1,46-55). Nele *Maria comunica a libertação dos pobres*. A Mãe do Senhor é toda comunicativa, pois se trata do maior número de palavras pronunciadas pela Mãe do Salvador. Trata-se de um belíssimo texto, conteúdo de oração da Liturgia das Horas, repetidas todas as tardes (oração das Vésperas). Nesse hino, vemos palavras que saem da alma de Maria, uma coleção de frases que tornam evidente como ela é identificada com o seu povo, sobretudo com os pobres de Javé. Resume todos os textos da Bíblia que proclamam as lágrimas dos pequenos diante da injustiça dos poderosos, o louvor a Deus pela humildade, a grandeza da pobreza. A canção comunica que Deus quer a vida do seu povo, não o abandona em suas necessidades, por isso: "sacia de bens os famintos". Proclama uma vitória misteriosa, que não está evidente: que os pobres terão sua alegria, que os poderosos e ricos não são os vencedores da história. Porém, é preciso ter cuidado sobre a análise dessa palavra tão libertadora. Maria não anuncia a destruição completa dos poderosos, não se deseja a morte deles, não é uma palavra ameaçadora ou de revanche. Não se deseja a morte do pecador, mas a sua conversão (cf. Ez 33,11). Maria está comunicando que o verdadeiro poder e riqueza não estão nas coisas desse mundo, está comunicando uma revolução de valores que estão implicados do Reino de Deus, comunica que haverá no final (escatologia, no final dos tempos) a vitória dos derrotados. No entanto, trata-se de uma revolução da Misericórdia, pois não se vence com a guerra, com a violência e vingança, mas com ternura, paz e perdão. O hino libertador de O Magnificat é um hino de ação de graças. Assim, não apenas indica que Maria é comunicadora da libertação, mas é comunicadora igualmente da gratidão. Os nossos lábios devem estar sempre prontos a agradecer, porque Deus não cessa de nos presentear com suas dádivas.

Por fim, concluímos com o silêncio meditativo de Maria – *Ela é comunicadora meditativa*: "Sua mãe guardava todas essas coisas no seu coração" (Lc 2,51). Quando o Evangelho fala que Maria guardava tudo em seu coração significa não somente que ela é uma mulher meditativa, mas que Maria não compreende tudo o que está acontecendo, que a vida está diante da penumbra do mistério e da fé. Por isso, a Igreja nos diz que "Maria avançou em peregrinação de fé", ou seja, ela vai amadurecendo, descobrindo todas as consequências do seu *sim*, o que será de sua vida e de seu filho. Diante do que nos é incompreensível e desafiador, cabe-nos silenciar e meditar, o que fez Maria. O melhor conteúdo de meditação são os textos que contêm a Palavra de Deus, mas também a vida. No caso da Mãe de Deus, ela "guardava estas coisas", ou seja, os acontecimentos que se desdobravam diante dela era já um Evangelho vivo.

Como vimos, as palavras de Maria brotam da reflexão e do silêncio meditativo. Em um mundo com tantas vozes, tantas propostas oferecedoras de sentido, na sociedade do ruído, nunca foi tão necessário silenciar e meditar. A iniciação à vida cristã é o caminho onde os discípulos aprendem a fazer silêncio e a orar, acolhendo o sentido da existência a partir da Palavra de Deus. A Mãe de Jesus nos ensina que a comunicação catequética brota do coração que ora.

ROTEIRO PARA FORMAÇÃO DE CATEQUISTAS

Dividir em pequenos grupos para estudo (pode ser um estudo prévio a ser partilhado na reunião dos catequistas).

Cada grupo fica responsável por um dos personagens abordados neste capítulo.

Cada grupo medita o texto bíblico relacionado ao seu personagem e reflete sobre as questões propostas.

Temas, textos e questões:

1) Abraão: hospitalidade e comunicação não-violenta.

- Ler: Gn 18,17-33.
- Identificar os momentos em que a hospitalidade é evidente no processo de iniciação à vida cristã e na formação de catequistas.
- Existem hostilidades comunicativas que precisam ser superadas? Quais?

2) Moisés: a humildade do verdadeiro intérprete

- Ler: Ex 18,13-22.
- O processo de iniciação à vida cristã não é tarefa de um ou dois personagens. Muitos são os serviços e ministérios. Os agentes de outras pastorais também são corresponsáveis. Isso acontece em nossa comunidade?
- Como podemos melhorar a distribuição dos serviços em nossa comunidade?

3) Elias: do barulho ao silêncio

- Ler: 1Rs 19.
- As atividades pastorais e os compromissos pessoais têm nos sobrecarregado? Como estamos nos alimentando diante de tais sobrecargas?
- Quais são os *deuses do barulho* que nos seduzem os olhos? Como a catequese pode ser mais serena e menos apegada ao espetáculo?

4) Jeremias: o comunicador do contra

- Ler: Jr 7,1-11.
- Quais são as mensagens mais incômodas que precisamos comunicar atualmente?
- A Igreja se vê desafiada. Muitas são as críticas de fora, mas também dos próprios católicos. Nem mesmo o Papa escapa de duras acusações. Qual deve ser a postura dos catequistas?

5) Qohélet: "vaidade das vaidades, tudo é vaidade"

- Ler Ecl 9,7-1-10.
- O que significa para nossa vida pessoal e pastoral: "comer o pão com alegria"?
- Em nossa pastoral, há espaços de confraternização, partilha e festa?

6) Pedro: de questionador a questionado

- Ler: Jo 21,1-23.
- Fazer tudo do mesmo modo, repetindo por vários anos as mesmas práticas não é experiência, é rotina sem criatividade. Somos capazes de mudar nossas ideias, esquemas, métodos?
- Quais são as ideias velhas que precisam ser abandonadas para uma autêntica comunicação catequética?

7) Paulo: multifacetas de um comunicador globalizado

- Ler: Gl 2.
- Nossas discussões podem ser muito polarizadas. Nem sempre são frutíferas. Como dialogar com maturidade em um mundo repleto de pessoas cheias de certeza?
- Somos um grupo com muitas ou poucas diferenças no modo de viver a fé? Existe um espaço de diálogo que nos ajuda em um crescimento frutuoso?

8) Maria: comunicação que brota do silêncio

- Ler: Lc 1,26-38.
- Na vida pessoal e pastoral, existe um tempo dedicado à escuta da Palavra?
- A catequese a serviço da iniciação à vida cristã, em nossa comunidade, comunica a partir do discernimento, de um planejamento prévio, do estudo?

ROTEIRO PARA LEITURA ORANTE

Propõe-se uma leitura orante de Ecl 3,1ss., conduzida por um dirigente. Procurar criar um clima de oração e conduzir a meditação-oração de forma lenta, dando pausas entre perguntas e preces.

- Preparação: fazer silêncio exterior e interior, fechar os olhos, respirar profundamente algumas vezes, cantar um mantra.
- Invocação do Espírito Santo: oração ou canto.
- Leitura do Texto Ecl 3,1ss.
- Questões para meditar (dar uma pausa a cada questão para meditação pessoal):
- Estou vivendo no presente ou muito ansioso com o futuro?
- Estou em que tempo? O que Deus tem me convidado a pensar e a fazer?
- Oração (dar pausas para a oração pessoal, silenciosa):
- O que o Espírito me leva a pedir a Deus?
- O que o Espírito me leva a agradecer?
- Conclusão: canto à escolha.

3

INICIAÇÃO À VIDA CRISTÃ E O MUNDO COMUNICACIONAL

Até aqui percorremos um caminho bíblico e catequético. Procuramos *sugar* o néctar comunicativo de alguns personagens importantes da Sagrada Escritura. Nosso ponto de partida foi Jesus Cristo, modelo de comunicação e paradigma para todos os tempos. Neste capítulo, vamos tratar daquilo que temos chamado aqui de *mundo comunicacional*. Este mundo tão marcado pelas relações comunicativas, sobretudo depois do advento da internet, tem exigências próprias para o mundo da evangelização. O processo de iniciação à vida cristã não pode ficar alheio a essa realidade, obviamente. Quais são as estratégias nesse universo? O que a catequese de inspiração catecumenal tem a oferecer a essa realidade?

3.1 O QUE É ESTE MUNDO COMUNICACIONAL?

Os termos que definem o contexto em que estamos inseridos são vastos. Fala-se de *era digital, mundo digital, cybercultura, bios comunicacional*. Aqui falaremos de *mundo comunicacional* e *mundo digital*, por mera convenção. O importante é reconhecer que houve, recentemente, uma revolução digital que modificou todos os âmbitos da existência. Nesse mundo, tudo é rede: redes sociais, digitais, midiáticas. Nele tudo é afetado pela comunicação.

Há um risco para os agentes da iniciação à vida cristã, sobretudo aos catequistas: pensar que o nosso desafio nesse contexto é somente dominar as novas tecnologias, saber operar os novos dispositivos de modo que auxiliem a transmissão da mensagem da fé. Porém, o desafio é mais amplo: é preciso reconhecer que existe um novo contexto formado pela soma da tecnologia às ações comunicacionais. Na soma de tecnologia e relações temos uma nova forma de existir no mundo, eis o universo ou mundo comunicacional: um mundo sempre afetado por tais novidades. Portanto, não importa apenas a posse de um *smartphone*, por exemplo, mas a conexão e o que pode ser feito com esse dispositivo por cada um de nós. Quando falamos de mídia, estamos falando dessa rede de relações dentro de um contexto sociocultural. O que temos diante de nós, portanto, é um mundo de pessoas em *conexão-relação* através de ações midiatizadas.

Num primeiro momento, convém termos clareza do que se trata o mundo comunicacional (digital) que se apresenta, para então refletirmos sobre a postura dos catequistas e demais agentes da iniciação à vida cristã. Vejamos algumas características deste cenário[30]:

- A linguagem do mundo digital é fragmentada, cheia de movimento, veloz, múltipla, plural. As informações são condensadas, sintetizadas, pois tudo agora pode ser digitalizado.
- Neste universo existem novas sensibilidades e novas formas estéticas. Há uma linguagem própria, que precisa ser conhecida e decifrada. O modo de falar, de criar relações, o corpo, a noção de belo, a definição do que é jovial ou do que está ultrapassado está em jogo. A imagem é mais importante do que as palavras.
- A cultura virtual e digital gera conflitos entre unidade e pluralidade, entre o que é banal e o compromisso, entre o que é certo e o que é errado. Não há mais uma uniformidade que nos dê a aparência de ordem. Os espaços não estão mais separados, pois está tudo unido: o público e o privado, o sagrado e o profano, o tradicional e o ultramoderno.
- Essa nova cultura é também lugar de exclusão: muitos estão fora do virtual, sem acesso aos *hardwares* (equipamentos eletrônicos), sem acesso à internet. Não é possível partir do pressuposto de que todos estão inseridos.
- Os mais jovens são hábeis com as novas tecnologias e com as novas linguagens. É comum o termo *millenials* para designar aquela geração que já nasceu com a evolução das tecnologias digitais, a partir dos anos 80. Diferentemente, os mais velhos estão *na*

30. Para aprofundamento destes tópicos, sugerimos a leitura das seguintes referências: SOCIEDADE DE CATEQUISTAS LATINO-AMERICANOS – SCALA. *Linguagens da cultura midiática e catequese*. São Paulo: Salesiana, 2001, p. 24-25; SBARDELOTTO, M. *E o Verbo se fez rede*, p. 80-86.

rabeira, tentando se inserir num mundo que não lhe era próprio desde a infância e juventude. Antigamente, os mais velhos eram os sábios que ensinavam, agora parece que esse caminho está invertido.

- O mundo digital constrói a imaginação do real. Dessa afirmação surgem questionamentos: o que é real e o que é virtual? Outra questão muito séria é posta aos evangelizadores: nossas identidades se constroem a partir da realidade ou da virtualidade?
- O mundo digital é fascinante. Todos querem o entretenimento de massa, acesso à internet com velocidade para comunicação e acessos dos conteúdos disponíveis. Quando não existe, parece haver até certo desconforto, reclama-se. Quem não quer estar conectado, não é verdade? Surge uma questão relevante: qual é a consequência dessa massificação tão intensa?
- Existe um novo modo de se relacionar com as outras pessoas e consigo mesmo. Emergem questões sobre a pessoa e seu universo (o individualismo), surge o desafio da comunidade: num mundo tão individualizado e virtual, como podemos ainda falar de comunidades concretas? É preciso considerar que existe uma *conectivização*: aldeia global, globalização, conexão em redes... Esses termos, hoje bem difundidos significam que estamos todos conectados. Porém, de fato, estamos conectados ou estamos solitários? A rede aproxima e também afasta. Tal questão é muito relevante quando consideramos que a iniciação à vida cristã conduz à vida de comunidade.
- Num passado recente utilizávamos a imagem da árvore para falar da vida, da cultura, das informações, das relações: um tronco de onde brotam galhos, ramificações. Agora surge a ideia de *rizoma:* não há mais um núcleo do qual tudo se deriva, pois tudo está em rede.
- O mundo comunicacional é marcado pela *ubiquização*: possibilidade de estar em toda parte, ao mesmo tempo. O computador e o *smartphone* possibilitam essa experiência.
- Diferente do passado, agora qualquer pessoa pode gerar um conteúdo. Antes tínhamos o monopólio de uma figura relevante ou de um jornalista. Houve, de certa forma, uma democratização: todos de alguma forma existem na rede, o comunicador amador ocupa o espaço que antes era exclusivo de um especialista. Essa novidade tem grandes incidências sobre o compartilhamento de conteúdo. A transmissão da fé é também afetada.

Uma boa catequese tem um olhar atento à realidade. O mundo comunicacional não é meramente uma característica entre outras, mas um universo que define o nosso contexto.

Um primeiro passo para a nossa reflexão é perceber como o mundo digital afeta nossa vida pessoal e nossa vida pastoral. Seguiremos juntos aqui na busca de algumas pistas que ajudem nessas questões e no processo de iniciação à vida cristã.

3.2 INCULTURAÇÃO NO MUNDO COMUNICACIONAL

Como vimos, existe uma nova sociedade, uma nova cultura – midiatizada, cibernética, digital. Tal realidade questiona os nossos processos de iniciação à vida cristã. Olhando para a história, houve momentos em que a Igreja foi questionada em seus conteúdos e métodos. Um exemplo foi a Reforma Protestante, no século XVI. A Igreja Católica foi provocada a repensar sua prática pastoral. Hoje acontece uma nova reforma, *a Reforma Digital*. Diante dela, a mesma Igreja precisa repensar seu modo de evangelizar. É fato que, em geral, a Igreja realiza processos lentos de inserção em novas realidades, pois é uma instituição de grande porte, tradicional e antiga. Não é diferente nos tempos atuais. A Igreja não adentra em espaços modernos com rapidez, mas vai se achegando em um território desconhecido, explorando-o aos poucos[31].

As mudanças comunicacionais são um processo irreversível. Portanto, não adianta *nadar contra a corrente*, demonizar este mundo, considerá-lo mau. É importante estar atento às suas possibilidades e aos seus riscos. Existem novas possibilidades para a evangelização, para a catequese. É preciso entrar nessa nova dinâmica com ousadia, revestir o evangelho das novas estéticas e da afetividade que é tão importante nesse universo.

É preciso perceber a relação entre a linguagem da catequese e o novo mundo comunicacional no qual estamos mergulhados. A Palavra se fez carne, o Verbo divino é comunicação e comunicação ao modo humano (cf. Jo 1,14). Logo, Ele assumiu a nossa linguagem. Se há uma nova linguagem humana, lá está o Cristo comunicando, afinal a Palavra de Deus se manifesta de diversas maneiras (cf. Hb 1,1-4). Portanto, este mundo comunicacional é um novo lugar catequético e teológico.

Assumir esta nova linguagem é o caminho da encarnação e, portanto, caminho da *inculturação*. Inculturação significa adentrar na cultura, assumindo o que está em sintonia com o Reino, semeando a Boa Nova que deseja provocar mudanças na realidade.

> Pela inculturação, a Igreja introduz os povos com as suas culturas na sua própria comunidade, porque cada cultura oferece formas e valores positivos que podem enriquecer o modo como o Evangelho é pregado, compreendido e vivido[32].

Elencamos aqui algumas pistas para a inculturação no mundo comunicacional[33]:

- Não se trata apenas de mudar o modo de falar de Deus ou saber usar os instrumentos de comunicação da cultura digital, trata-se antes de descobrir o que é essa nova cultura e estar sintonizado a ela: mergulhar com discernimento na cultura digital com todas as suas exigências e novidades.

---

31. Cf. SBARDELOTTO, M. *E o Verbo se fez rede*, p. 345-346.
32. EG, n. 116.
33. Para aprofundamento destes tópicos, sugerimos a leitura das seguintes referências: SCALA. *Linguagens da cultura midiática e catequese*; • MIRANDA, M.F. O cristianismo entre o próximo e o distante no processo comunicativo. In: ALTEMEYER Jr., F. & BOMBONATTO, V.I. *Teologia e comunicação:* corpo, palavras e interfaces cibernéticas. São Paulo: Paulinas, 2011; • ALTEMEYER Jr., F. & BOMBONATTO, V.I. *Teologia e comunicação:* corpo, palavras e interfaces cibernéticas. São Paulo: Paulinas, 2011, p. 169-170.

- Os catequistas necessitam de uma conversão digital. Deslocamentos são necessários: ser menos moralista e mais aberto, menos intelectualista e mais estético, menos doutrinal e mais querigmático, menos sistemático e mais afetivo, menos estático e mais dinâmico, menos fixista e mais aberto às mudanças.
- A cultura digital é o lugar das incertezas e dos dilemas: emergem novas questões, novos valores, novos sentidos... Como podemos falar da ética do Evangelho nesse universo?
- Não cabe mais uma pastoral que procura dar todas as respostas, um conteúdo catequético pronto e acabado. É bem difundido que em certa ocasião um entrevistado, ao ser questionado sobre o que significava catequese para ele, respondeu: *trata-se de um amontoado de respostas para perguntas que nunca foram feitas*. Hoje, as respostas estão ao alcance das mãos. O conteúdo está à distância de um clique. O questionamento é que faz a diferença, pois leva a pensar, buscar, crescer... Uma boa catequese sabe fazer as perguntas certas.
- Utilizando a linguagem da parábola do semeador (cf. Mt 13,1-9), parece que a Igreja se preocupou muito com a qualidade da semente. Agora é o momento de se preocupar com a qualidade do semeador e ter a consciência de que solo está recebendo a semeadura. Assim, mais do que insistir na retidão do conteúdo da fé (embora, seja ele também importante), deve-se pensar nas pessoas e em suas relações. Essas estão em conexões virtuais, porém continuam sendo pessoas humanas e, portanto, carregam seus dramas, suas sedes. O Evangelho tem algo a dizer a elas, ao mundo. Eis a missão da Catequese: nesse mundo virtual, não bastará uma boa publicidade, mas a proximidade. O grande desafio é não perder o horizonte da importância de se criar relações – a cultura do encontro. A Missão é compartilhar uma experiência, não se trata de um projeto pronto que é imposto[34].
- É preciso também considerar o conteúdo da fé. Nesse sentido, é preciso ter em conta que vivemos no mundo dos *fast-thinkers*, expressão de Pierre Bourdieu. Significa a simplificação dos temas e dos conteúdos. Os conteúdos são homogeneizados, parecem ter uma mesma estética. Neste contexto, os conteúdos ficam sob o poderio da mentalidade dominante, da mentalidade índice de audiência. Há o risco de que os temas da fé se tornem *soft*.

Em síntese, o desafio da inculturação no mundo comunicacional é maior do que a utilização dos novos instrumentos e linguagens para transmitir o Evangelho, embora isso seja muito necessário. O Papa São João Paulo II já chamava a atenção para a necessidade de fazer uma integração entre a mensagem cristã e esta nova cultura. A nova cultura que está aí é mais do que um novo conteúdo:

> O primeiro areópago dos tempos modernos é o mundo das comunicações, que está a unificar a humanidade, transformando-a – como se costuma dizer – na "aldeia global". Os meios de comunicação social alcançaram tamanha importância que são para muitos o principal instrumento de informação e formação, de guia

34. Cf. DAp , n. 145.

e inspiração dos comportamentos individuais, familiares e sociais. Principalmente as novas gerações crescem num mundo condicionado pelos mass-media. Talvez se tenha descuidado um pouco este areópago: deu-se preferência a outros instrumentos para o anúncio evangélico e para a formação, enquanto os mass-media foram deixados à iniciativa de particulares ou de pequenos grupos, entrando apenas secundariamente na programação pastoral. O uso dos mass-media, no entanto, não tem somente a finalidade de multiplicar o anúncio do Evangelho: trata-se de um fato muito mais profundo porque a própria evangelização da cultura moderna depende, em grande parte, da sua influência. Não é suficiente, portanto, usá-los para difundir a mensagem cristã e o Magistério da Igreja, mas é necessário integrar a mensagem nesta "nova cultura", criada pelas modernas comunicações. É um problema complexo, pois esta cultura nasce menos dos conteúdos do que do próprio fato de existirem novos modos de comunicar com novas linguagens, novas técnicas, novas atitudes psicológicas. O meu predecessor Paulo VI dizia que "a ruptura entre o Evangelho e a cultura é, sem dúvida, o drama da nossa época"; e o campo da comunicação moderna confirma plenamente este juízo[35].

Vejamos o que nos diz o Diretório Nacional de Catequese sobre a relação entre inculturação e comunicação:

A inculturação da fé é, em certos aspectos, obra da linguagem. A catequese respeita e valoriza a linguagem própria da mensagem (linguagem bíblica, litúrgica, doutrinal, etc.) e entra em comunicação com formas e termos próprios da cultura de seus interlocutores. Os catequistas precisam encontrar uma linguagem adaptada para cada idade, a linguagem dos estudantes, dos intelectuais, dos analfabetos e pessoas de cultura elementar. Da Bíblia e da liturgia aprende-se que Deus não se contenta com a comunicação verbal, mas se comunica também e ainda mais eficazmente por ações e linguagem corporal e simbólica, fortemente marcada pela cultura. Os meios de comunicação estão intimamente ligados à linguagem corporal, verbal, simbólica. É importante a linguagem dos meios de comunicação para a catequese, como parte de inculturação da fé no mundo contemporâneo[36].

3.3 HERMENÊUTICA E DISCERNIMENTO NO MUNDO COMUNICACIONAL

O mundo comunicacional é marcado pela multiplicidade de palavras e imagens. Talvez estejamos muito preocupados em utilizar novas metodologias e tecnologias, na integração nessa nova cultura, sem dar a devida atenção ao aspecto hermenêutico. *Hermenêutica* significa *interpretação*: trata-se de se ter os instrumentos que nos ajudam a interpretar o que nos é comunicado, seja num texto ou nos audiovisuais. Isso é muito importante para a catequese, pois a transmissão da fé depende de como se interpreta a Palavra de Deus e a realidade.

No primeiro capítulo, ao falarmos de Jesus comunicador, apresentamos muitas pistas que são, na verdade, chaves de interpretação. Tenhamos sempre presente que Cristo

35. RM, n. 37.

36. DNC, n. 230.

é o hermeneuta da vida, da cultura, e também do mundo comunicacional. Depois de sua ressurreição, deixou-nos o Espírito Santo para realizar essa missão ao longo da história. Nesse sentido, quando lemos a narrativa de Pentecostes (cf. At 2,1-13), é interessante observar que o Espírito Santo foi responsável pelo reverso do que havia acontecido na construção da torre de Babel: se em Babel houve a confusão das línguas, em Pentecostes houve uma única compreensão mesmo nas diferenças entre os interlocutores. Assim, o Espírito Santo provocou na Igreja uma atitude de aceitação do diferente. Havia no dia de Pentecostes pardos, negros, elamitas, mesopotâmios, capadócios, gente da Frígia, da Panfília, do Egito, da Líbia, romanos, judeus prosélitos... Uma diversidade imensa que conseguiu uma unidade de compreensão. Portanto, o primeiro dom de línguas não foi o exprimir de um idioma ininteligível, mas a harmonização, a compreensão mútua de pessoas que eram diferentes. O Espírito cria comunhão na pluralidade, fazendo a hermenêutica da vida em seus variados contextos históricos. Este Espírito continua agindo, prossegue fazendo a atualização do Evangelho para cada contexto. Como o Espírito realiza essa missão em nosso contexto comunicacional?

Por um lado, podemos afirmar que estamos conectados, como em Pentecostes, pois o mundo digital nos faz viver certa comunhão. Nunca a interconexão foi tão ampla e tão rápida. Faz poucos anos que temos *smartphones* em nossas mãos. Cada pessoa envia centenas de mensagens por dia, passamos horas nos comunicando pelas redes sociais. Embora estejamos distantes fisicamente, é possível uma comunhão nunca antes imaginada.

Por outro lado, existe ainda a desconexão de Babel, ou seja, uma diversidade de linguagens, uma pluralidade muito vasta. É fácil se sentir perdido no meio do emaranhado de comunicações. Surge uma questão importante: *o que é a verdade?* Se antigamente se falava de verdade como um *desvelar*, ou seja, uma descoberta que se aperfeiçoa ao longo da história, hoje se fala de *pós-verdade*. A verdade está mais dependente de sua mídia, do que dos fatos. O que está sendo veiculado pelas redes sociais, o que conta com o colorido midiático, as ideias dos *digital influencers* podem ter mais crédito do que a palavra de um especialista. Isso pode ser muito perigoso. A pós-verdade está relacionada às *fake news*, ou seja, acolhe-se mentiras ou meias-verdades somente pelo fato de serem elas anunciadas de um modo jornalístico ou compartilhadas por um grande número de pessoas. Além disso, nem sempre se procuram as fontes daquilo que chega às *nossas mãos*.

A rede é uma terra vasta, um espaço de pluralidade. No âmbito da fé, se antes a mensagem publicada deveria ser autenticada por um líder religioso, hoje emergem os amadores. Para falar sobre temas como Deus, fé, experiência religiosa e espiritualidade, não é necessário que se tenha formação. E mesmo se há alguma formação, se é pastor, padre, religioso, não significa que deva ser acessado ou escutado sem uma atenta reflexão, descartando o que não é bom.

Outro ponto importante que demanda nossa reflexão é a emergência de um novo grupo de pessoas que se dizem defensores da doutrina, da tradição. Podem ter ares de fidelidade, apresentando-se como mestres da fé, geram seguidores, grupos espalhados por todos os cantos. Frequentemente, evangelizadores, teólogos, padres, religiosos, bispos e instituições eclesiásticas são desqualificados de modo inquisitorial. Questiona-se com certa facilidade, até mesmo, a comunhão com o Papa. Tudo isso se torna ainda mais forte diante da polarização política, que facilmente é trazida para o seio eclesial. Então católicos são rotulados com facilidade, associando-se seus posicionamentos religiosos a uma suposta linha política.

Voltemos ao tema do Espírito Santo. É ele que nos ajuda a fazer a verdadeira interpretação de tudo o que temos na vasta rede comunicacional. Um dos grandes dons do Espírito é o discernimento: a capacidade de olhar com profundidade para a realidade, encontrando os caminhos que estejam em sintonia com a ética cristã. Na Bíblia, vemos que Paulo fala de uma *lei do Espírito* (cf. Rm 8,2). Se a lei é do Espírito, não significa que não existam mandamentos, mas que o seguimento precisa ser contextualizado. Ou seja, o cristão não recebe tudo pronto, uma lista de preceitos, mas interpreta a vida. A vida é muito complexa e exige que, em cada novo evento, à luz do Espírito, cada pessoa tenha o discernimento do que é preciso ser feito. Ser adulto na fé, adulto moral, é ser um cristão que vive a partir de uma exigência do Espírito, uma exigência que brota do interior da pessoa, de seu coração, pois a lei de Deus está inscrita nos corações, não em tábuas de pedra (cf. Jr 31,33). Essa lei da interioridade que nos ajuda a discernir sobre a vida é chamada de *consciência* pelo Concílio Vaticano II: "No fundo da própria consciência, o homem descobre uma lei que não se impôs a si mesmo, mas à qual deve obedecer; essa voz, que sempre o está a chamar ao amor do bem e fuga do mal, soa no momento oportuno, na intimidade do seu coração: faze isto, evita aquilo"[37].

Hoje, essa lei do coração é muito importante para que saibamos discernir sobre tudo o que acontece no mundo comunicacional, tendo-se consciência dos riscos que nos desafiam. Costumeiramente, dizemos que a internet é o lugar de navegação, mas pode ser também lugar do naufrágio, como nos diz Mário Cortella: "alguns navegam na internet. Boa parte naufraga"[38]. No âmbito da iniciação à vida cristã, é preciso que a catequese disponibilize subsídios hermenêuticos que ajudem não somente a interpretar os textos revelados, mas também a realidade do mundo comunicacional. É neste diálogo que surge o discernimento.

> A ação catequética, fé vivenciada, comunicada e aprofundada deve adequar-se à capacidade receptiva das pessoas, determinada por fatores como idade, cultura e ambiente. [...] A ação catequética deve estar atenta aos impactos que os catequizandos vivenciam em função de sua intensa relação com as mídias[39].

Um dos grandes desafios da catequese é fazer com que a Babel da confusão seja substituída pela linguagem do Espírito, a linguagem de Pentecostes. Então, tudo o que é fragmentado, torna-se reconectado. A rede de conexões não é apenas de *bytes*, de informações desconexas, mas é preciso haver uma conexão de sentido, ou seja, espiritualidade de comunhão que nos ajude a navegar e a anunciar a Boa Nova do Evangelho com verdadeira inculturação.

Para curar um surdo-mudo, em certa ocasião, Jesus tocou seus ouvidos e boca e pronunciou uma palavra em seu idioma: *Éfeta* (que significa *abre-te*) (cf. Mc 7,34). Este imperativo de Jesus é muito atual para a nossa sociedade inserida no mundo comunicacional.

---

37. GS, n. 16.
38. CORTELLA, M.: "Alguns navegam na internet. Boa parte naufraga.". *Pensar Contemporâneo*. Online.
39. Diretório de comunicação da Igreja no Brasil, n. 74.

O Senhor continua a nos dizer que não permaneçamos de ouvidos fechados. O mundo carece de pessoas que escutam, que se importam, que dão atenção. Numa sociedade com tantos fechamentos de mente e coração, como é oportuno ouvir uma palavra que nos pede – *abra-te*. Portanto, abram-se as mentes estreitas que se deixam escravizar por falsos discursos messiânicos, abram-se as percepções de quem se ilude por ideologias. Abram-se os que se acham donos da verdade e estão prontos a levantar armas. Abram-se as bocas para anunciar o amor, a esperança, a ternura, ao invés da guerra, da separação e da mentira. Abram-se os corações para acolher a mensagem singela da salvação. Abram-se todos aqueles que se fecharam ao fruir da vida, à felicidade, às pessoas. Carecemos de aberturas, carecemos de relações profundas e verdadeiras. Esse mundo está inserido no meio de tanta comunicação, mas necessita de palavras como aquelas pronunciadas por Cristo, palavras que tenham o poder de curar. *Éfeta*!

"Não é a tecnologia que determina se a comunicação é autêntica ou não, mas o coração do homem e a sua capacidade de fazer bom uso dos meios ao seu dispor".[40] Se a iniciação à vida cristã deseja fazer uma comunicação verdadeira, precisará educar o coração para ler tudo o que se apresenta. O mesmo coração deverá discernir sobre o bom e o mau, sobre o verdadeiro e o falso, sobre o que une e o que divide. O mundo comunicacional vive dentro dessa ambiguidade, ou seja, repleta do joio e do trigo, eles crescem juntos. Os termos *hermenêutica* e *discernimento* são verdadeiras chaves para o nosso tempo. A catequese precisa estar munida destas duas forças.

3.4 DA COMUNICAÇÃO RESSENTIDA À COMUNICAÇÃO AMOROSA

Uma das tarefas da hermenêutica e do discernimento a respeito desse mundo comunicacional, do qual falávamos acima, é nos ajudar na prevenção do ressentimento. Se antigamente a mídia era lugar de poucos, agora a situação se inverteu: os microfones e as câmeras foram dados a todos, basta fazer uso das redes sociais. Essa democratização tem muitos aspectos positivos, porém, a ambiguidade nos persegue nesse tempo de mudança de época. As redes sociais se tornaram também lugar de ódio. Palavras amargas e destrutivas podem ser compartilhadas, ganham dimensão pública, são validadas pelos *likes*, são reproduzidas, comentadas. Gera-se um círculo do ódio.

Esse ódio que se torna público pode ser explicado a partir do âmbito do ressentimento. Há uma espécie de insatisfação latente no mundo. Freud falou disso em Mal-Estar na Civilização: o ser humano vive insatisfeito porque não pode ter todos os prazeres que ambiciona. Parece que isso se tornou ainda mais forte nos tempos atuais. O mundo virtual ajudou a amplificar ainda mais: estamos sempre sendo atraídos a adquirir um bem que nos faria mais felizes; estamos sempre vendo pessoas felizes, bonitas, esportistas e bem vestidas, famílias

40. FRANCISCO. *Comunicação e Misericórdia: um encontro fecundo*. Mensagem do Papa Francisco para o 50° Dia Mundial das Comunicações Sociais, 2016. Online.

perfeitas nos parques. A pergunta que surge com facilidade no coração é a seguinte: *E a minha vida?* O filósofo Luiz Felipe Pondé[41] afirma que as pessoas têm uma ambição – que beira à obsessão – estruturada em três alicerces: a) elas querem mais do que precisam; b) acham que não são suficientemente reconhecidas; c) acreditam que merecem mais amor. Da frustração de uma ou de todas essas solicitações, surge o ressentimento. Isso nos destrói e retira de nós a capacidade de refletir com serenidade sobre a realidade. O ressentimento nos faz pensar sobre o nosso próprio fracasso que, muitas vezes, acaba se tornando real. A felicidade não deveria ser considerada uma obrigação, como se a fuga da infelicidade fosse uma luta, uma tarefa que se impõe.

É certo que a vida não é *um mar de rosas*. As crises do mundo interior batem à porta, sem dúvida. Não temos um *raio x* para ver o coração da multidão que perambula pelas ruas. Se tivéssemos, talvez, nos assustaríamos. O ressentimento amplifica os dramas da existência, aumenta a energia negativa sobre a vida e essa energia precisa ir para algum lugar. Acaba indo para as palavras ressentidas, expressas na agressividade da *web*, na agressividade de tantos gritos que agora se revestem de apelos politizados e conscientes, mas por hora podem mascarar o profundo mal-estar latente, corações irreconciliados, cheios de rancores, maldizentes da vida, murmuradores...

No Evangelho o ressentido é representando pelo fariseu. Não raras vezes, Jesus adverte sobre a maldade que reside no coração desses homens. Um bom exemplo está na parábola do *Filho Pródigo* (cf. Lc 15,11-32). Jesus nos conta que quando o Pai mandou fazer festa para comemorar o reencontro com o filho mais novo, que retornara arrependido, o mais velho reclamou: "sempre estive aqui, nunca desobedeci a nenhuma ordem sua, e mesmo assim nunca tive uma festa para me alegrar com meus amigos" (Lc 15,29). Eis a imagem do ressentimento: um filho amargo, raivoso, pronto a condenar quem voltou e tão preocupado em evitar o pecado, mas nunca fez festa com o seu Pai. O mundo está repleto destes filhos velhos. Repete-se a reclamação vitimista: *trabalho duro, observo as regras, os preceitos, e daí? Ninguém me valoriza, outros passam na minha frente.* Uma dedicada mãe, um pai que faz tudo por sua família, um jovem que se dedica com seriedade, um trabalhador honesto nesta sociedade frenética, um agente de pastoral que renuncia horas de sua vida pessoal pelo trabalho na Igreja... Essas pessoas corretas podem ser contagiadas pelo ressentimento que grita: *ninguém me valoriza!* Parece ser mais fácil a queixa. Então, reclama-se por tudo, como a criança mimada que não ganhou o presente da mãe no mercado. É muito simples transformar esse sentimento em reclamação: as filas, o trânsito, o atendimento no comércio, o governo, as opiniões políticas da web... Tudo é motivo para protestar, gritar, deixar fluir o ressentimento de quem não está mais experimentando o frescor do fruir da existência.

Algumas consequências do ressentimento farisaico podem ser muito destrutivas no mundo comunicacional. Vejamos algumas delas.

A agressividade e o julgamento

Continuamos com o desejo de jogar pedras, como aqueles homens que queriam apedrejar a mulher adúltera (cf. Jo 8,1-12). O que se passa no coração de quem levanta uma arma

41. Cf. PONDÉ, L.F. *A era do ressentimento*: uma agenda para o contemporâneo. São Paulo: LeYa, 2014.

para alguém? O que se passa no coração de um homem que pega uma pedra em suas mãos? A pedra é hipocrisia, pois agredimos para nos eximir da culpa. Quando julgamos o outro, em geral, não estamos isentos do mesmo pecado. A psicologia já desenvolveu bem o tópico da projeção. Os defeitos do outro sempre me afetam de modo especial.

A intolerância

Quando os discípulos perceberam que os samaritanos não queriam acolher o Senhor, pediram permissão para o envio do fogo da destruição. Jesus serena o coração deles, pois não sabem de que Espírito são possuídos (cf. Lc 9,51-56). O ressentimento farisaico elege inimigos: pessoas que não concordam com o seu modo de pensar, com a sua religião, com a sua posição política. A polarização é muito visível nesses tempos. Discutir ideias é algo muito positivo, mas raramente isto tem sido feito sem o uso da panfletagem que carrega certezas, defesas absolutas, agressões. Os estereótipos que etiquetam o outro como *ignorante, manipulado, ideologizado, comunista* ou *fascista* abaixam o nível da discussão. Torna-se imposição da verdade, desrespeito. Não seria essa agressividade ideológica tão ardorosa um dos pecados midiáticos? O Convite de Jesus é para guardar a espada na bainha, para colar a orelha ferida do soldado, para silenciar e não pedir o fogo do céu. Esse fogo da revanche, do ódio, não condiz com a ética de Cristo.

A pretensão de ter o monopólio de Deus

Os discípulos se incomodam que alguém age em nome de Jesus, mas não pertence ao grupo deles (cf. Mc 9,38-40). Parece que é recorrente desejar ter o monopólio de Deus, o monopólio da graça, monopólio da salvação. A Igreja já se declarou no passado como único lugar da salvação – *extra Ecclesiam nulla salus* (fora da Igreja não existe salvação). Agora, preferimos a categoria *sinal*. Somos todos sinais do Reino de Deus, o Espírito age em todas as pessoas de boa vontade. Se nossa missão é ser sinal do Reino, não devemos gastar nossas energias falando mal ou guerreando contra as outras igrejas e religiões.

No primeiro capítulo vimos que Jesus nos transferiu a relação filial que vivia com o Pai, aquele que Ele mesmo chamava de *Abbá*, ou seja, de *papaizinho*. Somente esta experiência do Deus Abbá, Deus-amor, pode curar o coração do ressentimento farisaico. É preciso lembrar que ser cristão é uma experiência salvífica. Encontrar-se com o Senhor Jesus, receber o seu Espírito, é ter a certeza de que o amor foi derramado no coração (cf. Rm 5,5), a clareza de que não é escravo, mas filho amado (cf. Gl 4,5-7), que cremos num Pai de amor que não contabiliza, não condena, nem tampouco mima. É preciso sempre ser aquele filho jovem que retorna à casa do Pai. Retornar à experiência de um amor gratuito. Quem o experimenta faz a vida ser diferente, então é encerrada a luta inglória, o grito desnecessário de protesto contra a existência, o ressentimento, a agressividade, o preconceito, o desamor. Quem experimenta esse amor, enche-se do espírito de gratidão. Os cristãos não passam pela vida reclamando, mas atravessam até mesmo os vales de aridez em atitude de profunda gratidão. Gratuidade é um modo de vida: quando formos capazes de olhar a beleza da vida e agradecer por tudo, belo e não belo, o ressentimento será substituído pela alegria. Então, nossa comunicação (e nossa catequese) se torna amorosa.

Passar de uma comunicação ressentida para uma comunicação amorosa, eis uma exigência da evangelização para que se torne *credível* e *confiável*. Nessa linha, não somente se proclama uma verdade, é preciso antes ter cuidado com a arrogância de se possuir uma verdade. A credibilidade depende da relação de confiança que se estabelece com o interlocutor. É preciso ser mais inclusivo do que exclusivo, lembrando que já se foram os tempos das excomunhões, das condenações e fogueiras. A missão dos cristãos é comunicar o amor, a misericórdia, a paz, e isso se faz por uma metodologia amorosa, desarmada, como vimos ao tratar da *comunicação não-violenta de Abraão*, no capítulo 2.

> A Igreja proclama o "evangelho da paz" (Ef 6,15) e está aberta à colaboração com todas as autoridades nacionais e internacionais para cuidar deste bem universal tão grande. Ao anunciar Jesus Cristo, que é a paz em pessoa (cf. Ef 2,14), a nova evangelização incentiva todo o batizado a ser instrumento de pacificação e testemunha credível duma vida reconciliada[42].

A catequese tem a tarefa de transmitir uma experiência de amor, realizar uma comunicação amorosa. Não apenas pelo ensino, mas pelo gesto, pelo testemunho, pela mistagogia. Quem é iniciado na fé, é iniciado no amor de Deus. Tal experiência deve ajudá-lo a interpretar esse mundo marcado pelo ressentimento farisaico, gerador de agressividade, intolerância, pretensão de ter o monopólio de Deus. A grande verdade que podemos e devemos transmitir na catequese é a relação de amor entre o Filho e seu Pai (Abbá) – esta relação é o Espírito de amor derramado em nossos corações (cf. Rm 5,5).

3.5 CATEQUESE QUERIGMÁTICA: COMUNICAÇÃO DE UMA MENSAGEM RESSIGNIFICADA, EXISTENCIAL E PERSONALISTA

Como dissemos no capítulo 1, Jesus é comunicador personalista e emocional. Sua comunicação não é formal, burocrática, teórica, mas sim repleta de sensibilidade, é dinâmica, carismática e ardorosa. Jesus se aproxima de cada pessoa, fala ao *eu* de cada um. Essa pedagogia de Jesus é inspiração para uma *catequese querigmática*[43]. Trata-se de uma catequese revestida das características do querigma. E o que é o querigma? Já está bem divulgado que o anúncio querigmático tem o objetivo de contribuir para que os interlocutores realizem *o encontro com o Senhor*, na adesão ao seu Reino: "ao início do ser cristão não há uma decisão ética ou uma grande ideia, mas o encontro com um acontecimento, com uma Pessoa, que

42. EG, n. 239.
43. Cf. MORÁS, F. *As correntes contemporâneas da catequese*. Petrópolis: Vozes, 2004, p. 13-41; NENTWIG, R. "A catequese em tempos de nova evangelização". *Revista de Catequese*, ano 37, n. 143, jan/jun. São Paulo: Unisal, 2014, p. 27-30.

dá à vida um novo horizonte e, dessa forma, o rumo decisivo"[44]. O querigma é inspirador, portanto, não se trata apenas do primeiro passo do itinerário formativo, mas deve traduzir sua força para qualquer anúncio da mensagem cristã. Trata-se do fio condutor de todo o itinerário formativo[45].

Uma catequese querigmática é uma comunicação bem localizada no atual contexto comunicacional. Primeiramente, porque vivemos em tempos de nova evangelização, ou seja, um contexto de fraca adesão eclesial e em que os países de grande tradição católica se tornam terras de missão[46]. Além disso, não se acolhem mais verdades burocráticas e institucionalizadas; hoje os interlocutores anseiam por uma palavra que fale ao coração.

Primeiramente, *a catequese querigmática exige a ressignificação da mensagem cristã.* No passado, bastava a transmissão da doutrina, de verdades corretas, prontas e abstratas. A missão que se exigia da catequese era a *doutrinação*, em geral, transmitida pela *decoreba* dos artigos do Catecismo de perguntas e respostas. O grande problema em torno da exposição das formulações doutrinárias é a sua historicidade: a pretensão universal da verdade do dogma precisa ser bem entendida, assim, não basta repetir o que foi enunciado no passado. Por exemplo, no Símbolo Niceno-constantinopolitano, afirma-se que o Filho foi *gerado, não criado, consubstancial ao Pai.* Tudo isso é uma grande verdade de fé, mas os cristãos entendem essa afirmação? Qual é a relevância dela para os dias atuais? É preciso ter em conta que a revelação e a tradição não consistem numa soma de sentenças comunicadas, mas na autocomunicação de Deus em Jesus Cristo pelo Espírito Santo. Por isso, o Espírito Santo ajuda a atualizar a verdade revelada, pelo senso da fé operado pelo Espírito. A catequese cristã não pode ficar ao redor de si mesma, mas deve dar respostas aos questionamentos de cada época histórica. Para isso, é preciso perceber quais são os questionamentos, as angústias e necessidades dos interlocutores, interpretando os sinais dos tempos. Surge uma nova compreensão do Evangelho, uma mensagem com uma nova linguagem, revestida de uma nova roupagem[47].

- Qual seria a nova linguagem da comunicação catequética hoje? Como falar de modo novo das verdades do passado?

O querigma também inspira uma catequese existencial. A pregação deve superar, como dissemos, a mera exposição de fórmulas doutrinárias. Também não deve ser uma prédica moralista (lista de pecados e condenações), esquecendo-se da beleza, da alegria e do bem. O discurso cristão deve encantar, falar ao coração, abrasá-lo[48]. O conteúdo central da catequese querigmática é a vida, morte e ressurreição de Jesus. Essa verdade não deve ser comunicada como uma construção dogmática, mas palavra provocativa, que afeta a pessoa em seu

44. DCE, n. 1.
45. Cf. DAp, n. 278.
46. Cf. DGC, n. 62.
47. Cf. GS, n. 3s, 10s, 22, 40s, 62.
48. Cf. EG, n. 142-144.

âmago existencial. Mais do que a razão, a mensagem deve atingir o coração dos catequizados e, por isso, os discursos não devem falar de teorias, mas devem partir do contexto vital da pessoa, propondo a relação entre a Palavra de Deus e as questões históricas, sobretudo, procurando responder às interrogações e angústias de cada pessoa. Não cabem mais discursos generalizantes, pois o pós-moderno precisa ser tocado em sua subjetividade, precisa se sentir acolhido em sua necessidade, em sua dor, em sua ânsia, incluindo o seu afeto e seus sentimentos. O atual contexto comunicacional apela para o carisma, para a transmissão vivencial, para atingir tais objetivos.

Por fim, *a catequese querigmática inspira a personalização.* Se cada pessoa deve ser considerada em seu drama e em sua necessidade, como dissemos acima, é necessário um diálogo face a face, um diálogo pessoal. Jesus faz isso a cada passo no Evangelho: Ele se aproxima e escuta, dialoga, propõe, encoraja, cura, toca... Assim deve ser o processo de iniciação à vida cristã: os agentes e catequistas devem tomar consciência de que não basta a evangelização das massas, nem mesmo palavras genéricas para um grupo catequético, pois cada pessoa deve ser considerada em sua individualidade. Uma indicação pastoral importante, nesse sentido, é que os processos de inspiração catecumenal se realizem em pequenos grupos e a partir da metodologia da visitação. Assim, os antigos *cursinhos preparatórios para os sacramentos* são substituídos por preparação personalizada. Isso se observa bem na catequese familiar, no Catecumenato, na preparação de pais e padrinhos do Batismo ou preparação dos noivos.

Resumindo, apresentamos alguns deslocamentos necessários para realizar uma comunicação catequética querigmática:

Do institucional ao carismático. Não basta que a palavra comunicada tenha um conteúdo bem elaborado, que seja uma boa ideia, que seja pronunciada por pessoa de autoridade. Basta acessar alguns *digital influencers* e veremos que o que mais chama atenção é o modo desburocrático, informal, dinâmico como se comunicam. Portanto, a comunicação deve ser mais significativa e dinâmica.

Do dogma à história. Antes importava reproduzir as verdades dogmáticas. Hoje é preciso falar da vida das pessoas, da história. A comunicação bem vinda nesse contexto comunicacional é a história. Por isso, é muito importante a narrativa: contar histórias, valorizar as passagens narrativas, dramatizar, tudo isso é bem acolhido.

Do intelectualismo ao sentimento. Mais do que uma verdade, hoje as pessoas desejam aquilo que afeta o emocional, mas, sobretudo, o existencial, ou seja, a mensagem que porta um sentido de vida. Há uma relação entre o existencial e o sentimento, pois o que move o ser humano é a sensibilidade, por isso, importam comunicadores repletos de sensibilidade. Cabe, porém, uma ressalva importante: a experiência cristã não é intimista e, por isso, a evangelização não procura gerar um sentimentalismo sem o empenho evangélico, uma experiência religiosa vazia sem seguimento, descomprometida com o Reino.

Da divinização à humanização. Antes importava falar de Deus em si mesmo: a sua essência, a sua natureza, etc. Hoje importa falar de Deus para nós, de como Deus se importa e age na história humana. Por isso, é muito importante falar de Jesus Cristo, o revelador da nossa humanidade, valorizar não apenas seus traços divinos, mas o modo como Ele revela Deus em seus gestos cheios de humanidade.

Do estático ao processual. Já dizia um antigo filósofo chamado Heráclito que *tudo flui*. Ou seja, tudo está em movimento, em processo. Hoje temos mais clareza disso, pois nos tempos passados pensava-se que inclusive o nosso planeta estava parado no céu. Se tudo está em movimento, é preciso considerar que cada pessoa está em caminho de construção. Mais do que sonhar que tudo esteja finalizado, é preciso saber ter paciência com os processos.

Do genérico ao individual. Como dissemos, o que é muito genérico não toca tanto quanto o que é individual. Assim, é importante, por exemplo, falar dos problemas da sociedade (denúncia profética), mas isso apenas terá relevância se mostrarmos em que medida esse problema afeta cada pessoa. Nesse contexto comunicacional uma das palavras mais importantes é eu. Há certamente o risco do individualismo, porém é preciso considerar que cada pessoa deseja muito ser considerada em sua individualidade, evitando que tudo se torne uma mera resposta egocêntrica.

Na catequese, quando se fala em conteúdo, pensa-se em geral na doutrina e na moral. Essa visão afeta o encaminhamento do processo catequético. Mensagem é comunicação de algo importante. João Paulo II afirmou enfaticamente: "Quem diz mensagem diz algo mais que doutrina. Quantas doutrinas de fato jamais chegaram a ser mensagem? A mensagem não se limita a propor ideias: ela exige uma resposta, pois é interpelação entre pessoas, entre aquele que propõe e aquele que responde. A mensagem é vida. Cristo anunciou a Boa Nova, a Salvação e a felicidade. [...] As multidões escutavam-no, porque viam nele a esperança e a plenitude da vida (cf. Jo 10,10)"[49].

Os catequistas já têm clareza de que a mensagem do Evangelho, com toda a sua força transformadora, deve substituir a doutrinação? Precisamos de comunicadores querigmáticos, existenciais, personalistas, proclamadores de uma mensagem renovada.

3.6 ORAÇÃO E ASCESE NO MUNDO COMUNICACIONAL

O mundo é *expert* em criar demandas, em estabelecer metas a serem atingidas como sinônimo de realização pessoal: comprar aquele produto, ter certas medidas, aparência física, modo de vestir, estar em um lugar especial para fazer uma *selfie*, realizar um *check-in* nas redes sociais, dar publicidade aos seus atos. Até quando vamos pautar a nossa vida pelos critérios da sociedade? Por que essa ânsia em ser *o melhor*? Existem outros tantos fardos pesados que já nos roubam: correria da vida, violência, medo, multidões, pressa, falta de tempo para lazer e descanso... Situações dramáticas da vida na qual somos inseridos sem culpa alguma, pois não somos donos da história. As piores cruzes são as que surgem sem explicação alguma.

49. DNC, n. 97: João Paulo II. Homilia em Porto Alegre em 5.7.1980

Diante das demandas de nossa preocupação, o Senhor diz: "Não vos preocupeis dizendo: O que vamos comer? O que vamos beber? Como vamos nos vestir? Os pagãos é que procuram essas coisas" (Lc 12,22). O que vem primeiro na lista de tarefas é plantar as sementes do Reino: "Buscai primeiro o Reino de Deus" (Lc 12,31). Diante das demandas que não podemos controlar, o Senhor nos diz: "Vinde a mim, vós todos que estais aflitos sob o fardo, e eu vos aliviarei" (Mt 11,28).

Precisamos desse descanso do Senhor, pois estamos cheios de fardos pesados, estamos cansados. Seguimos nessa vida frenética repletos de afazeres, também com muitos conteúdos na mente. Estamos muito cheios. O discipulado nos exige liberdade, e só existe liberdade verdadeira com desapegos: deixar de lado o que nos prende, deixar as falsas seguranças, vivendo uma confiança de criança (cf. Mt 18,3). Isso não é espontâneo. É preciso ter consciência de que existem coisas demais nos roubando a energia e será necessário renunciá-las. Por isso, urge uma ascese comunicacional, uma ascese digital. A ascese que nos é necessária exige descarregar, descansar e silenciar.

É preciso descarregar. Costumamos ouvir a repetição da seguinte frase: *você está sobrecarregado!* Hoje é ainda mais atual um descarregar, deixando pelo caminho o que não importa tanto, o que só nos pesa nas costas, o que não terá grande valia. A nossa vida ficou muito cheia de afazeres, pois aceitamos muitas responsabilidades que não são nossas e porque fazemos muitas coisas porque queremos agradar quem nos convida. Assim, o caminho da felicidade é fazer o essencial, livrar-se do supérfluo. A Palavra do Senhor deve ressoar em nosso coração: "Vinde a mim todos vós que estais cansados de carregar os vossos fardos e eu vos darei descanso!" (Mt 11,28).

É preciso descansar. Além da quantidade de coisas, a tecnologia da comunicação nos tornou por demais conectados e dependentes do uso dos aparelhos. Multiplicam-se os alertas sobre o perigo do uso indevido e demasiado dos *smartphones*: afetamentos mentais, problemas cervicais, falta de sono, entre outros. Uma geração adicta, poucos de nós escapamos. E o que dizer do tempo? Perdemos muito tempo, tempo precioso, com banalidades, vídeos, anedotas e mensagens que não nos enriquecem. Ficamos a todo o momento *disponíveis*. O sociólogo italiano Domenico De Masi afirma que o descanso de tela do seu computador exibe a frase: "O homem que trabalha perde tempo precioso". No seu livro, *O Ócio Criativo*[50], o autor aborda o tema do descanso. O ócio defendido pelo sociólogo não é uma defesa da preguiça. O tempo sem fazer nada, mas sem sentido, é tédio. E é preciso transformar o tédio em ócio criativo. A produção não depende apenas do tempo empregado, necessita também da criatividade, e a criatividade nasce do ócio criativo. Por isso, é preciso tempo livre reservado ao lazer e à diversão. Defende na mesma obra que devemos dividir nosso tempo livre em três partes, em medidas adequadas, de acordo com nossa vocação e situação de vida: uma parte dedicada a nós mesmos, ao cuidado com o nosso corpo e com a nossa mente; outra dedicada à família e aos amigos – às relações humanas; a terceira voltada à coletividade: ajudar os outros, trabalhar na Igreja, fazer voluntariado... Só uma verdadeira ascese do descanso irá nos ajudar a desfrutar do fruir da vida, aquele dom precioso que não advém dos *bytes*... A vida passa depressa e nós assim passamos, já nos alerta o Salmista (cf. Sl 89,10).

É preciso silenciar. Para que haja silêncio, é preciso sair do meio da agitação. Em certa ocasião, Jesus remove um homem para fora da multidão, para então realizar a cura (cf. Mc 7,32-34).

---

50. Cf. DE MASI, D. *O ócio criativo*. São Paulo: Sextante, 2000.

Por vezes, estamos imersos no meio dos problemas, das coisas e das pessoas. Então, se faz necessário nos afastar. Sair da tempestade e percebê-la de fora. No meio do turbilhão não há cura. Deixe Deus retirar você do meio da confusão desse mundo tão comunicacional e pouco comunicante. Permita que Deus nos retire do meio da multidão para que, por um instante, estejamos *offline*. Quando Jesus realiza a cura daquele homem que era surdo mudo, sua língua se solta para narrar as maravilhas que Deus fez e faz... Se houvesse muita agitação, certamente no status de Jesus estaria escrito: *not available (não disponível), fui a um lugar deserto para descansar com os apóstolos.* O Senhor gostava dos desertos, sabia que a missão exigia algumas pausas (cf. Mc 6,30). Um catequista precisa de desertos. Esse texto deve nos provocar uma pergunta: *com que regularidade nós vamos ao deserto?*

Todos estes *remédios ascéticos* (descarregar, descansar e silenciar) têm certamente consequências positivas em nossa vida. Vejamos algumas delas.

Escutar

O significado positivo de *obedecer* é estar aberto à escuta (*ab-audire* = estar somente à escuta). Assim foi a vida de Maria, como vimos: "Maria conservava cuidadosamente todos esses acontecimentos e os meditava em seu coração" (Lc 2,19). O verdadeiro silêncio provoca escuta, a verdadeira escuta provoca obediência à Palavra. Do contrário, a oração seria apenas uma adequação aos nossos desejos egoístas. Por isso, a catequese evangelizadora de inspiração catecumenal deverá possibilitar o acesso à Bíblia aos catequizandos, sobretudo pela prática da leitura orante. Entre as muitas palavras desse mundo midiático é preciso calar e escutar.

Ter atenção no presente

Aqui temos o exemplo das duas irmãs Maria e Marta (cf. Lc 10,38-42). Maria nos ensina a viver no presente, sem grandes agitações, sem pensar muito no que vem depois, senão no que acontece no instante do presente. É o que Marta não estava conseguindo, pois estava preocupada em demasia, agitada. É preciso diminuir o grau de agitação. Isso não é automático, exige de nós, é preciso se reprogramar, tomar consciência de que estamos muitas vezes no piloto automático enquanto dirigimos, comemos e até quando estamos diante de uma pessoa.

Os nossos encontros deveriam ser como aqueles de Betânia, jamais encontros de *presenças ausentes*, de corpos que se colocam um diante do outro, mas sem encontro autêntico, aquele em que a atenção sobre o outro com toda a sua história toca e enriquece. Isso também valeria para a oração. A escuta de Maria poderia ser também mecânica, sem vida, agitada. Sentar e escutar também são necessários; é isso que nos faz mais sereno. Mas somente se, de fato, somos capazes de fazer nossa oração e nossa escuta da Palavra não ser um rito vazio. Há o risco das orações se tornarem repetições mecânicas e vazias. Existem muitas celebrações eucarísticas sem serenidade, sem cadência, sem silêncio. Muitos ministros preocupados com o ofertório enquanto ainda é o momento das preces, cerimoniários mais preocupados com o tapete do que com a *kenosis*, presidentes mais preocupados com o relógio do que com o mistério que se abre no presente, trazendo o passado e projetando o futuro na ação do Espírito.

Por isso, Marta também nos oportunizou uma lição importante dada por Jesus: é preciso serenar e viver cada instante como se fosse o último. Viver como peregrinos do instante, sabendo que a vida é cheia das hospitalidades, de serviços, mas desde que vividos com intensidade, com consciência do presente. E isso só se dá a partir da oração.

Olhar com profundidade

Em algumas línguas latinas existe uma relação entre *olhar* e *guardar*. *Olhar* em italiano é *guardare;* em francês *é regarder*. Eis um significado profundo do verbo *olhar*: o verdadeiro olhar guarda na memória, capta, imprime. Os momentos de luz que experimentamos devem ser guardados em nossa memória e no profundo de nosso coração. Experiências de vida, de felicidade, de completude... Essas experiências não podem simplesmente passar em branco. São memórias afetivas que nos enchem de luz. Quando a vida está na escuridão da noite, é possível resgatar o que foi guardado e, assim, a vida pode prosseguir seu curso. Os momentos de luz da existência transfiguram a vida, invadem até os momentos sombrios. A história da vida nos convida para esse olhar atento que nasce do silêncio.

Paciência com os processos

Antes de falar de colheitas, o Evangelho fala do plantio. Antes de falar de coisas grandiosas, fala da pequenez de uma *sementinha*. Nosso imediatismo cibernético, que quer ver tudo funcionando ao *toque* de um polegar, não está afinado com os processos, mas com os resultados. Quer tudo pronto na hora e cheio de luzes de sucesso. Nossa cabeça midiática não está muito habituada em perceber a pequenez que se esconde, e se revela, em cada pequeno ato, em cada pessoa, aparentemente insignificante... Desligar, descansar e silenciar nos ajuda na prática da paciência. Não nascemos prontos. Poderíamos ficar dois anos no ventre materno, segundo os antropólogos, para que nascêssemos mais preparados. Quando nascemos somos muito indefesos, muito frágeis, a moleira da cabeça denuncia nossa vulnerabilidade. Quando adolescentes e jovens nos consideramos prontos, fortes, detentores de todas as verdades. Só o passar dos anos vai ensinando a árdua lição de que pouco sabemos, de que não somos assim tão seguros, de que somos um tanto insignificantes diante da grandeza do universo; que nossos ideais messiânicos não salvarão o mundo. Feliz de quem aprende a ter paciência!

Pode parece contraditório: num mundo cheio de comunicações oportunizadas pela tecnologia, o convite é ao silêncio. Talvez exatamente por estarmos por demais comunicativos seja que exista uma necessidade de silêncio. O mundo não percebe isso, é uma verdade escondida. Por isso, os itinerários de iniciação à vida cristã devem conter espaços que oportunizem descanso, desertos, silêncios. Ascese significa renúncia. É preciso descobrir quais são as verdadeiras renúncias necessárias em meio a esse mundo comunicacional.

3.7 ENCONTRO PESSOAL, COMUNIDADE, REDE E VIRTUALIDADE

A inspiração catecumenal contém um forte acento vivencial, de modo que não existe verdadeira iniciação cristã se esta não conduzir à adesão à comunidade. A comunidade é lugar de encontro fraterno e também de celebração do mistério da fé. O mundo comunicacional, por sua vez, constrói-se cada vez mais dentro da virtualidade. Diante dessa constatação, surgem algumas questões: *é possível conciliar comunidade e virtualidade? É possível uma vida sacramental na internet?*

Sobre a primeira questão, é preciso refletir sobre a capacidade (ou incapacidade?) da internet produzir encontros concretos, face a face, com todas as possibilidades afetivas decorrentes. De fato, a evangelização se faz pelo encontro pessoal, pelo olhar nos olhos, como nos ensinou Jesus. A internet não é apenas uma *ferramenta* de comunicação, mas um *espaço*, uma espécie de *lugar* onde as pessoas estão, navegam, conectam-se. Comumente falamos de um ambiente virtual, mas é preciso considerar que as pessoas são reais, estão lá, ligadas por fios, cabos, conexões. Há um verdadeiro encontro de pessoas mediadas pelas mídias digitais e sociais, um encontro virtual, é verdade, mas um encontro, uma relação afetiva. Porém, mesmo que haja participação em tais comunidades, o fim último é a comunidade concreta.

Sobre a possibilidade de uma vida sacramental na internet, em tese, isso não acontece. De fato, há conectividade religiosa a partir da rede. Porém, o sacramento é uma realidade concreta e unida a uma comunidade cristã visível. Existem as liturgias na TV, na internet, mas nada substitui a comunidade reunida cantando, celebrando, partilhando o pão e o vinho consagrados.

A virtualidade, portanto, apresenta os seus limites, até mesmo riscos, que se opõem à comunidade concreta e celebrante:

- Os diálogos se encurtam e se superficializam. Famílias e grupos de amigos que não dialogam com profundidade, porque a todo o momento há a interrupção das mensagens do *smartphone*, tornando-se mais atrativo que a própria presença física de um ser humano não virtual. Seguimos na ambiguidade do mundo comunicacional: quando se cria a maior capacidade de comunicação, diminui a verdadeira capacidade de diálogo. "O ambiente de comunicação pode ajudar-nos a crescer ou, pelo contrário, desorientar-nos. O desejo de conexão digital pode acabar por nos isolar do nosso próximo, de quem está mais perto de nós"[51].
- No âmbito da vivência da fé, há a tendência do individualismo. Cada pessoa pode ficar diante do seu aparelho, com seus toques e com a sua própria devoção, reza ou celebração, intensificando o intimismo e escondendo a dimensão comunitária do sacramento.
- As celebrações da internet e da TV correm o risco de serem interpretadas como magia. É verdade que os pastores não são magos, são ministros. Porém, por vezes, o mais importante é a apresentação tecnicamente perfeita, como se a técnica fizesse a eficácia sacramental. Então, passa a valer aquela liturgia, mesmo presencial que conte com

51. FRANCISCO. *Comunicação ao serviço de uma autêntica cultura do encontro.* Mensagem do Santo Padre Francisco para o XLVIII Dia Mundial das Comunicações Sociais, 2014. Online.

aparelhos, instrumentos, luzes e cores ao sabor daquilo que se pode ter pelos meios de comunicação. E se não existirem na comunidade local tantos recursos assim? Perderia sua validade por não se inserir no êxito do espetáculo?

- Por fim, o ator litúrgico pode se transformar em um astro, uma espécie de *pop star*, um mago da experiência religiosa. Hoje há muitas pessoas que são procuradas presencialmente ou nas redes sociais. Em geral, as pessoas procuram uma figura que foi impulsionada pela mídia, pelos artefatos da produção comercial. A aparência exterior conta muito. Os evangelizadores não podem ser mais uma das respostas fáceis do mundo comercial e imediatista, que oferecem uma resposta concreta aos problemas: sofrimento sanado, resolução de problemas afetivos, dinheiro, beleza, quilos a menos na cintura. *Pop stars*, até mesmo sem mídia, estão nas nossas famílias, nos ambientes de trabalho e nas nossas Igrejas.

Mesmo diante dos limites, é também verdade que o mundo digital não eliminou do ser humano a sua capacidade religiosa. Conectados ou não, as pessoas querem rezar, querem se encontrar com Deus. A cultura comunicacional muda a estética, mas não retira a essência: o ser humano tem sede de Deus. Nossas liturgias e nossas catequeses estão considerando *esta sede*? Talvez com a necessidade que se impõe de trazer as cores do mundo digital para dentro das igrejas, estamos deixando de lado algo genuíno: a sobriedade que nos faz encontrar Deus, a simplicidade que traz a verdade do símbolo, o silêncio. Se estamos cansados de tantas conexões, mesmo que não reconheçamos isso com facilidade, é preciso que tenhamos espaços de oração e de silêncio. A catequese tem a missão de nos oferecer verdadeira mistagogia, mediar o nosso encontro com o Senhor[52].

Por outro lado, a própria rede poderia nos ofertar um espaço de encontro e comunhão? Pode-se dizer que a inculturação que se exige da Igreja no contexto comunicacional é exatamente aprender a conectar com autenticidade, até mesmo reconectar, o que está separado. Assim, o mundo digital deixa de ser visto apenas como um inimigo, pois ele não é apenas diabólico (divisor), mas gerador de comunhão. A rede desune, mas também une.

Num passado recente, a Igreja da América Latina tentou atualizar as exigências do Concílio Vaticano II a partir das *comunidades eclesiais de base* (CEB's). Hoje pode se falar da necessidade de um novo tipo de comunidade para inculturação com o mundo digital: as *comunidades eclesiais digitais* (CED's). Seriam comunidades capazes de unirem as pessoas no mundo digital, oferecendo uma experiência religiosa autêntica, criando vínculos entre as pessoas, formando leigos para seguirem com liberdade e autonomia, inseridos no desafiante mundo comunicacional. Seria um novo modo de ser Igreja, um novo modo de chegar às periferias existenciais que clamam, porque há muitos que estão sedentos de uma palavra de sentido[53].

> Esta é a internet que queremos. Uma rede feita não para prender, mas para liberar, para reunir uma comunhão de pessoas livres. A própria Igreja é uma rede tecida pela comunhão eucarística, na qual a união não se funda sobre os "likes" mas sobre a verdade, sobre o "amém" com o qual cada um se une ao corpo de Cristo, acolhendo os demais[54].

---

52. Cf. SPADARO, A. *Ciberteologia:* pensar o Cristianismo nos tempo da rede. São Paulo: Paulinas, 2012, p. 121-152.
53. Cf. SBARDELOTTO, M. *E o Verbo se fez rede*, p. 365-366.
54. AGASSO JR., D. Do "like" ao "amém", perigos e vantagens da internet, segundo Francisco. *IHU*, jan. 2019. Online.

O sentido último da comunicação é o encontro, e isso somente se faz pela proximidade. A iniciação à vida cristã tem como uma de suas tarefas criar uma cultura de encontro, de diálogo, de proximidade. É a Igreja mãe que se aproxima de quem é iniciado, é o cristão iniciado que aprende a se tornar próximo de todos, especialmente daqueles que estão caídos à beira do caminho. Isso se faz, em primeiro lugar, nos encontros concretos, mas também a partir do emaranhado de conexões do mundo digital.

> "E quem é o meu próximo?" (Lc 10, 29). Esta pergunta ajuda-nos a compreender a comunicação em termos de proximidade. Poderíamos traduzi-la assim: Como se manifesta a "proximidade" no uso dos meios de comunicação e no novo ambiente criado pelas tecnologias digitais? Encontro resposta na parábola do bom samaritano, que é também uma parábola do comunicador. Na realidade, quem comunica faz-se próximo [...]. Apraz-me definir este poder da comunicação como "proximidade". Não basta circular pelas "estradas" digitais, isto é, simplesmente estar conectados: é necessário que a conexão seja acompanhada pelo encontro verdadeiro. Não podemos viver sozinhos, fechados em nós mesmos. Precisamos amar e ser amados. Precisamos de ternura. Não são as estratégias comunicativas que garantem a beleza, a bondade e a verdade da comunicação[55].

Portanto, diante do desafio da virtualidade do mundo comunicacional, é preciso resgatar o convívio hospitaleiro. Isso está na base do Evangelho, que nos ensina a conviver. A missão da catequese, nesse sentido, não é pregar verdades de modo impositivo, convencer, brigar por ideologias, dar aulas majestosas, nem fazer longas rezas. A catequese, bem como toda evangelização, faz-se pela partilha de vida e de mesa. Isso era tão importante no contexto judaico, que Jesus recomenda aos missionários para que desfrutassem da hospitalidade que lhes seria oferecida, sem fazer apenas visitas rápidas e burocráticas (cf. Lc 10,7).

Em tempos de *fast foods*, de almoços rápidos em companhia de *smartphones*, é preciso resgatar a partilha presencial, fraterna, mas, sobretudo festiva e lúdica. Por isso, Jesus aparece em seu primeiro sinal, não apenas partilhando do convívio, mas se importando com a alegria trazida pelo vinho na festa (cf. Jo 2,1-11). Jesus nos quer verdadeiramente embriagados. O Senhor nos quer inebriados pela alegria do Reino, alegria da vida eterna. Comer e beber na festa antecipa o que será o Reino definitivo: lugar da fartura, da comunhão. Por isso, é preciso comer e beber juntos. Brindar a vida a todo o momento, mesmo diante das tristezas momentâneas. Deixe-se embriagar pela poesia, pela leveza, pelo canto, pela beleza, pela ternura, pelo sorriso da criança, pela graça do convívio, pelo amor. "O reino de Deus é justiça, paz e gozo no Espírito Santo" (Rm 14,17). Se faltar essa alegria inebriante, a mãe estará lá para pedir que seu filho transforme o pranto em festa.

> Neste tempo em que as redes e demais instrumentos da comunicação humana alcançaram progressos inauditos, sentimos o desafio de descobrir e transmitir a "mística" de viver juntos, misturar-nos, encontrar-nos, dar o braço, apoiar-nos, participar nesta maré um pouco caótica que pode transformar-se numa verdadei-

55. FRANCISCO. *Comunicação ao serviço de uma autêntica cultura do encontro.* Mensagem do Santo Padre Francisco para o XLVIII Dia Mundial das Comunicações Sociais. Online.

ra experiência de fraternidade, numa caravana solidária, numa peregrinação sagrada. Assim, as maiores possibilidades de comunicação traduzir-se-ão em novas oportunidades de encontro e solidariedade entre todos. Como seria bom, salutar, libertador, esperançoso, se pudéssemos trilhar este caminho! Sair de si mesmo para se unir aos outros faz bem. Fechar-se em si mesmo é provar o veneno amargo da imanência, e a humanidade perderá com cada opção egoísta que fizermos[56].

A iniciação à vida cristã é um itinerário de encontros: encontro com o Senhor, encontro em comunidade, encontros vitais, fraternos, festivos. Tal comunhão projeta-se para dentro do mundo digital. Nossa catequese vive nesse espírito? Como podemos ajudar a unir o que está dividido? Reunir quando cada um está *no seu canto*?

3.8 CONCLUSÃO: DISCÍPULOS MISSIONÁRIOS EM UM MUNDO COMUNICACIONAL

Ao modo de conclusão, enumeramos algumas tarefas da catequese no mundo comunicacional, considerando que sua missão é a formação de discípulos missionários. Portanto, quais seriam nossas pautas de ação, considerando os catequistas e seus interlocutores?[57]

1. *Estar no mundo digital.* Procurar compreender a cultura digital, sem preconceitos, sem medos, sem fugas. É inevitável evangelizar dentro dos novos ambientes comunicacionais que surgem e utilizar a nova linguagem e os novos meios para proclamar o Evangelho. Porém, a catequese deve fazer mais do que saber usar os novos equipamentos e recursos, embora isso também seja necessário. "Não tenhais medo de vos fazerdes cidadãos do ambiente digital. É importante a atenção e a presença da Igreja no mundo da comunicação, para dialogar com o homem de hoje e levá-lo ao encontro com Cristo: uma Igreja companheira de estrada sabe pôr-se a caminho com todos"[58]. É preciso ter uma visão prospectiva: ver o presente como oportunidade, não pensar que o mundo é somente inimigo da Igreja e do Evangelho.

2. *Dialogar.* A missão da catequese é verdadeiramente *inculturar*. Logo, a evangelização se faz a partir da troca e essa acontece na dinâmica das relações proporcionadas pela rede, pelo mundo digital. Nossa missão é unir a partir do diálogo, *religar* (religião) o que se encontra desligado. O cristão se enriquece com tudo que acolhe e também proporciona

56. EG, n. 87.

57. Para aprofundamento destes tópicos conclusivos, sugerimos a leitura das seguintes referências: SCALA. *Linguagens da cultura midiática e catequese*, p. 48-49; 52; SBARDELOTTO, M. *E o Verbo se fez rede*, p. 348-372.

58. FRANCISCO. *Comunicação ao serviço de uma autêntica cultura do encontro.* Mensagem do Santo Padre Francisco para o XLVIII Dia Mundial das Comunicações Sociais. Online.

uma verdadeira riqueza ao testemunhar o Evangelho, ao partilhar as suas convicções. No entanto, deve fazer isso de um modo desarmado. Portanto, não se trata de trazer uma palavra pronta e definitiva, mas propor e dialogar. Nesse sentido, a Igreja se faz verdadeiramente *católica*, que significa *universal*. Ser católico não é ser parte de um gueto, de um *grupinho* separado que olha para o mundo com olhos de juízo. Pelo contrário, ser católico é levar uma notícia universal que une os povos, pois foram destruídos os muros de separação (cf. Ef 2,14). Ser universal é ter capacidade de dialogar com o mundo, com as diversas culturas, em especial com essa cultura digital, de um modo aberto e livre, sem medo, sem imposições, sem defender-se demais. Aqui está a missão da formação de discípulos-missionários. Quem é iniciado na fé deverá ter esse espírito de abertura e diálogo, com grande capacidade de escuta.

3. *Formar para a autonomia.* O mundo digital exige *pessoas autônomas*, ou seja, adultos que pensam e agem por si mesmos. É verdade que nos acostumamos com uma evangelização um tanto dependente da hierarquia da Igreja e de uma palavra oficial. Quantas vezes perguntamos: *qual é a posição da Igreja a esse respeito?* A pergunta é justa, mas nem sempre é necessária. Afinal, a Igreja não precisa ter uma posição para absolutamente todas as questões do mundo. O mundo digital desafia a Igreja a sair de sua zona de conforto: não podemos mais nos apresentar como donos da verdade nem sermos *critiqueiros* de tudo o que é novo, atribuindo-lhe uma etiqueta do mal. O adulto na fé deve ser capaz de discernir sobre as questões que se colocam, tomando suas próprias resoluções, obtendo as suas respostas, avaliando a partir de sua própria consciência. Se antes a qualidade doutrinal do conteúdo da catequese era tão importante para a Igreja, hoje ela se vê desafiada. São muitas vozes, o mundo digital é incontrolável. Todo esse cenário nos faz pensar sobre o papel da catequese. Iniciar na fé significa formar pessoas adultas capazes de navegar e dialogar com liberdade e consciência.

4. *Discernir.* O discernimento brota do silêncio: aquele que nos liberta de um mundo sufocante, traz-nos serenidade para viver no presente, e cria espaço de meditação sobre a vida. A partir daí, surge a reflexão sobre as transformações em nosso modo de viver provocadas pela cultura digital. Descobrir como Deus está falando nas redes, no digital, pois existem nessa cultura as *sementes do Verbo*. É preciso enunciar os males que advêm do mundo digital, sobretudo os conteúdos destrutivos e as mentiras. Mas, sobretudo, é preciso educar as pessoas para a autonomia, de modo que se possa filtrar os conteúdos, discernir na rede, exercer o que a Igreja chama de *sensus fidei*: há um *senso de fé comum aos fiéis*, ou seja, os cristãos conseguem *sentir o cheiro*, distinguindo entre o verdadeiro e o falso.

5. *Fazer bom uso da mídia católica.* A mídia católica, no afã de trazer o religioso dentro do mundo comunicacional midiático, atinge uma parcela da população que é ávida por essa linguagem religiosa. Como poderíamos atingir outros públicos? Poderia investir em novas linguagens, falar mais de Deus a partir do profano, sem que necessariamente esteja exibindo uma missa, novena, culto, pregação, música religiosa... Outra coisa que se constata é que a

Igreja, de fato, entrou nas novas mídias, mas ainda permanece, muitas vezes, com uma linguagem arcaica: os métodos são novos, mas o conteúdo é desatualizado. Então, multiplica-se uma evangelização ambígua, com algumas características questionáveis: espiritualidade de troca com Deus, providencialismo, sectarismo, intimismo, moralismo... Os catequistas devem estar atentos para não fazer uso ingênuo dos conteúdos, mesmo daqueles que são vinculados por pessoas da Igreja. Tudo é digno de filtro e nem tudo é tão bom, independente da fonte: "examinai tudo, abraçai o que é bom" (1Ts 5,21). Algumas questões podem nos ajudar a aprofundar a missão da mídia evangelizadora: onde está a força profética de nossa comunicação? Como podemos fazer o anúncio do Evangelho que toque a vida comum, cotidiana e concreta das pessoas de nosso tempo? Os jovens parecem encontrar uma atmosfera religiosa em uma série ou numa partida de futebol: encontram emoção, sinergia, identidade, passam a conversar com outras pessoas sobre o assunto, criam valores... Existem lugares laicos tomando o lugar da religião. A religião poderia também se inserir no laico nesse mundo digital?

6. *Cuidar com as propostas enganosas e sedutoras.* Há uma tendência de se utilizar as estratégias do *marketing* como resposta aos desafios pastorais. Então, a catequese e a pastoral podem ficar reféns das leis do mercado, gerando um *funcionalismo empresarial*. Outra tentação é a cultura *popstar*. Parece inevitável que alguns evangelizadores se tornem conhecidos e atraiam multidões, no entanto, não é preciso criar uma magia em torno de si para comunicar a verdade do Evangelho, nem seriam esses comunicadores os primeiros a serem buscados na rede. O Papa Francisco, mesmo sendo midiático e conectado ao mundo digital, comunica o Evangelho a partir de sua simplicidade, sem estrelismos. Além disso, é também comum a oferta de conteúdos que aparentemente são muito religiosos, até mesmo muito fiéis à Igreja e a Deus, mas na verdade são enganosos: enunciam culpa, violência ou apenas um bem-estar pessoal, autoajuda disfarçada de evangelização. "Deus nos livre de uma Igreja mundana sob vestes espirituais ou pastorais! Este mundanismo asfixiante cura-se saboreando o ar puro do Espírito Santo, que nos liberta de estarmos centrados em nós mesmos, escondidos numa aparência religiosa vazia de Deus. Não deixemos que nos roubem o Evangelho!"[59].

7. *Respeitar os processos.* Jesus nos manda semear, não colher, pois Ele mesmo é o responsável pela colheita. A pequenez de nossas possibilidades nos coloca numa atitude de humildade. É preciso conceder a prioridade do tempo em relação ao espaço:

> Este princípio permite trabalhar a longo prazo, sem a obsessão pelos resultados imediatos. Ajuda a suportar, com paciência, situações difíceis e hostis ou as mudanças de planos que o dinamismo da realidade impõe [...]. Dar prioridade ao tempo é ocupar-se mais com iniciar processos do que possuir espaços. O tempo ordena os espaços, ilumina-os e transforma-os em elos duma cadeia em constante crescimento, sem marcha atrás[60].

---

59 EG, n. 97.
60. EG, n. 223

A Igreja vive exatamente essa experiência. Parece que a evangelização não é eficaz, pois o mundo é secularizado, a religião é reduzida à religiosidade, e muitos são os que não mais se ocupam das coisas de Deus. Onde está a eficácia da missão evangelizadora, catequizadora? Olhando para os parâmetros de gerenciamento empresarial ou para a lógica do mundo comunicacional, temos a impressão de que estamos um passo atrás. No entanto, a semente do Evangelho é lançada, existem sinais do Reino de Deus: são processos iniciados, isso é o mais importante. Não é possível manipular a vida ao nosso critério, nem mesmo controlar os resultados. Por isso, a missão é semear sem pensar nos resultados imediatos. O dono da colheita é que fará a avaliação final, ele colhe, nós jogamos a semente.

Algumas tarefas foram indicadas. Você poderia indicar outras? Como podemos catequizar inseridos nesse mundo comunicacional? Temos em conta que a nossa missão é iniciar discípulos e missionários aptos para viverem no mundo comunicacional?

ROTEIRO PARA FORMAÇÃO DE CATEQUISTAS

Dividir em pequenos grupos para estudo (pode ser um estudo prévio a ser partilhado na reunião dos catequistas).

Ler:

- Capítulo 3 *Iniciação à Vida Cristã e o Mundo Comunicacional.*
- Mensagens do Santo Padre para o dia mundial das comunicações sociais. Sugerimos duas delas: 48ª e 50ª mensagem (outras podem ser inseridas, para tornar a reflexão mais atual)[61].

Questões para os grupos:

- Como a comunicação em nossos processos de iniciação à vida cristã pode proporcionar um verdadeiro encontro entre as pessoas?
- Quais são as qualidades de um catequista inserido no mundo comunicacional?
- Indicar pistas para crescer no discernimento diante dos conteúdos e processos do mundo comunicacional.
- Indicar pistas para que, em nosso contexto pastoral, possamos cultivar o silêncio, a escuta, a partilha, a celebração e a festa.

ROTEIRO PARA LEITURA ORANTE

Propõe-se uma leitura orante de Mc 7,31-37, conduzida por um dirigente. Procurar criar um clima de oração e conduzir a meditação-oração de forma pausada, lenta, fazendo pausas entre perguntas e preces.

- Preparação: fazer silêncio exterior e interior, fechar os olhos, respirar profundamente algumas vezes, cantar um mantra.
- Invocação do Espírito Santo: oração ou canto.
- Leitura do Texto Mc 7,31-37.
- Motivações para meditação pessoal (fazendo pausas para meditação silenciosa).
- Permita-se olhar para você mesmo: para a sua história, para os seus sentimentos e pensamentos. Olhar para o seu corpo e perceber a sua respiração. Perceber que o hálito divino, o seu Espírito que é sopro, flui em você. Então começará a escutar... Cessa a surdez, cessa a angústia, volta a consciência, volta a serenidade...
- Você percebe suas cegueiras... Quais são elas? Você percebe sua mudez... Quando é difícil falar?
- Deixe Jesus tocar em você com suas mãos. Escute no seu coração a Palavra de ordem do Senhor: Éfeta!
- Oração (fazer pausas para oração silenciosa):
  - O que o Espírito me leva a pedir a Deus?
  - O que o Espírito me leva a agradecer?
- Conclusão: canto à escolha.

61. Disponíveis online em: <http://w2.vatican.va>.

4

A INICIAÇÃO À VIDA CRISTÃ NO MUNDO DIGITAL: PISTAS PRÁTICAS

Como já foi visto nos capítulos anteriores, vivemos uma era digital, marcada por uma comunicação veloz, constante e abundante, mediada pela tecnologia. Existem inúmeros instrumentos que expandiram e alargaram as possibilidades da comunicação. Instrumentos que não devem ser classificados como bons ou ruins, pois tudo depende do que fazemos com eles. Deus, que sempre se comunicou com o ser humano, continua a falar em nosso tempo e com nossos meios. Os agentes da iniciação à vida cristã, especialmente os catequistas, têm diante de si inúmeras possibilidades de usar esses instrumentos em sua missão de levar o Evangelho aos corações.

Veremos neste capítulo algumas pistas práticas. Em especial, trataremos de pistas próprias para o catequista, embora possam também ser úteis aos demais agentes da iniciação à vida cristã. A maioria das reflexões e pistas podem ser aplicadas à catequese de qualquer idade, mediante uma adaptação discernida. Por outro lado, mesmo que consideremos a catequese em suas diversas idades, os itens 4.5 e 4.6 são mais direcionados à catequese de crianças e adolescentes.

O objetivo deste capítulo é apontar algumas pistas de ação. Porém, antes de falar das questões mais concretas, faz-se necessário uma breve contextualização sobre o ambiente digital no qual estamos inseridos, aprofundando a reflexão já iniciada no capítulo anterior.

4.1 COMEÇANDO A CONVERSA: O MUNDO DIGITAL

Sem dúvida, ao lançarmos um olhar panorâmico sobre a história da humanidade, é notável que a evolução tecnológica, a partir do invento da prensa gráfica, de Johann Gutenberg, em 1450 d.C. foi veloz. A escrita foi inventada por volta do ano 5000 a.C. e, por milênios, o acesso a livros e consequentemente, à informação e ao saber, ficou limitado a um pequeno grupo da sociedade, de posição econômica abastada. Pois os livros, antes da prensa gráfica, eram produzidos pelos copistas, que demoravam meses para confeccionar um exemplar. Assim, o custo de um volume era elevado.

Com o surgimento da prensa gráfica, a impressão tanto de livros quanto de revistas, jornais e séries populares foi facilitada. Em pouco tempo as tiragens começaram a ser grandes, a fim de atender à procura de uma sociedade sedenta por saber. Assim, o conhecimento foi sendo melhor acumulado, transmitido e construído.Isso não significa que antes da prensa gráfica não houvesse disseminação de conhecimento.

A tradição oral, na qual o próprio corpo era o meio de comunicação, por milênios, foi a principal forma de propagação da cultura e saberes dos povos, o que permitiu sua sobrevivência. Jesus foi um mestre da comunicação oral. Ele não deixou palavras escritas, nem sua voz gravada em áudio e, muito menos, sua imagem em vídeo. Seus seguidores guardaram sua palavra na mente e no coração e, depois da sua morte e ressurreição, a comunicaram a outros que a comunicaram a outros. O primeiro Evangelho a ser escrito foi o de São Marcos, por volta do ano 70 d.C.

Desde o início deste milênio, entretanto, parece que as transformações tecnológicas e, consequentemente, sociais foram tão grandes e velozes que superaram os 500 anos anteriores. Imagine se formos mensurar o volume de informações e dados disponíveis na rede hoje. Talvez, na virada do milênio não fosse possível prever as mudanças que estavam por vir. Podemos destacar o invento de alguns aparelhos tecnológicos que surgiram com a evolução da rede de internet, como computadores cada vez mais sofisticados, *notebooks, tablets, smartphones*. Também o sistema de armazenamento de dados em HDs, *pendrives* e, recentemente, na nuvem. E ainda a localização GPS e a televisão digital. Tudo a serviço de uma oferta de informações.

A criação da internet pode ser considerada o ponto de partida para a construção de uma sociedade marcada pelo digital. Trata-se de uma rede mundial de computadores interligada que, por meio de protocolos de comunicação padronizados, fornece informações e ferramentas de comunicação para os seus usuários: assim pode ser definida a *internet, net,* do inglês. Criada para fins militares, sua origem remonta a década de 1960, durante a Guerra Fria, quando o Departamento de Defesa dos Estados Unidos criou a *Arpanet,* a fim de compartilhar e proteger informações através de computadores conectados em rede.

Posteriormente, por meio de pesquisas, universidades ampliaram o uso da *Arpanet* para a troca de dados na rede. Cerca de vinte anos depois, no final da década de 1980, a internet foi liberada para o uso comercial.

A internet, no entanto, é mais do que uma rede de computadores interligados para troca de informação, é também uma rede de pessoas. Em 1990, o cientista Tim Berners-Lee e o

Centro Europeu de Pesquisas Nucleares desenvolveram a famosa *World Wide Web* (WWW), um sistema que fornecia informações em hipertexto numa página chamada de *site*. Junto a esse sistema começaram a surgir os navegadores como, por exemplo, a *internet Explorer*.

Diante do contexto atual, olhando esse breve histórico, podemos constatar que a internet trouxe muitas mudanças para a sociedade em todos os seus âmbitos. A comunicação humana passou a ser mediada pela tecnologia que, de certa forma, assumiu a primazia dos processos comunicacionais. No entanto, não se deve desconsiderar a importância fundamental e indispensável do homem na comunicação. O teórico da comunicação, Norval Baitello Junior[62], considera que a primeira mídia de comunicação é o próprio corpo humano, que antecede até mesmo a criação da escrita.

Um grande fenômeno, responsável pela mudança na forma das pessoas se comunicarem, foi as redes sociais digitais. Note que, para falar de redes sociais na internet faz-se necessário acrescentar o termo *digitais*. Se considerarmos que a definição de rede é um conjunto de nós interligados, podemos dizer que cada pessoa é um nó que está interligado a diversas outras pessoas. Um exemplo: estou conectada às pessoas que moram comigo, pelos laços familiares, cada uma, por sua vez, está conectada a inúmeras outras pessoas, por vínculos de amizade ou profissionais: todas essas conexões formam uma rede de relacionamentos. Assim, as relações humanas na família, na comunidade, num grupo de amigos, sem mediação de nenhuma tecnologia, formam uma rede social.

Refletir sobre isso é perceber que o modelo base para as redes sociais digitais são copiados da vida real. Observe, por exemplo, que com cada amigo do Facebook há outros amigos em comum, isso significa que vocês estão interligados. No entanto, não significa que os relacionamentos nas redes sociais digitais, formados por centenas, até milhares de amigos, sejam sólidos, verdadeiros e consistentes. Você pode se fazer a pergunta: dos meus amigos no Facebook, quantos são meus amigos de verdade? Com quantos eu partilho a minha vida, minhas alegrias e angústias? Com quantos eu sento, de vez em quando, para tomar um café e olhar nos olhos?

O filósofo polonês Zygmunt Baumann, em entrevista[63] concedida ao canal do Youtube *Fronteiras do Pensamento*, diz que a diferença de um relacionamento real, que ele define como laços humanos, para o relacionamento na rede social digital, é a possibilidade de conectar-se e desconectar-se. Na rede social digital um relacionamento é rompido com um clique que exclui ou bloqueia a pessoa. Nas relações humanas, o rompimento é, de certa forma, traumático, exige explicações ou ao menos uma desculpa, mexe com os sentimentos e com as emoções, deixa marcas.

Pesquisas apontam que mais de 50% da população tem acesso à internet. Essa estatística revela que o ser humano hoje habita o universo digital e lá também pode ser encontrado. O Papa Emérito Bento XVI, em sua última mensagem para o Dia Mundial das Comunicações Sociais, no ano de 2013, convidava os cristãos a olharem para as redes sociais digitais como

62. Cf. BAITELLO JUNIOR, N. *A era da iconofagia:* Reflexões sobre imagem, comunicação, mídia e cultura. São Paulo: Paulus, 2014, p. 45.

63. Entrevista postada em 18 de fevereiro de 2013. Disponível em: <https://www.youtube.com/watch? v=5Lm2O 3Q56Wg>. Acesso em: 28 de outubro de 2019.

novos espaços de evangelização: "concretamente quero deter-me a considerar o desenvolvimento das redes sociais digitais que estão a contribuir para a aparição duma nova ágora, duma praça pública e aberta onde as pessoas partilham ideias, informações, opiniões e podem ainda ganhar vida, novas relações e formas de comunidade"[64].

O ambiente digital tem se tornado um lugar no qual as pessoas habitam, buscam informações, expressam suas opiniões e constroem relações. As redes sociais e a internet podem ser um recurso importante para os agentes da iniciação à vida cristã exercerem sua missão, pois é um ambiente comum aos catequizandos.
Certa vez, quando a multidão veio até Jesus, ele usou o barco como um púlpito para ensinar-lhes. Ou seja, usou o recurso que tinha a sua disposição (Cf. Mc 4,1-9).

Será que Jesus não usaria a internet como um recurso para sua missão hoje?

4.2 CATEQUESE NA CULTURA DIGITAL

O mundo é digital. Assim, provavelmente, percebem os jovens da geração Z. Eles são conhecidos como nativos digitais, ou seja, nasceram na era da *World Wide Web* e da popularização do acesso aos computadores. Os pesquisadores Ceretta e Froemming explicam essa denominação para os jovens da era digital:

> [...] a geração é conhecida como "Z", porque a sua grande nuance é zapear. Zapear é um verbo utilizado para designar o ato de mudar constantemente o canal na televisão, geralmente através de um controle remoto, caracterizando o que a geração tem em comum, o ato de fazer várias coisas ao mesmo tempo [...][65].

Pode-se verificar, então, que algumas das características da geração nascida numa sociedade conectada em rede são: a comunicação mediada por aparelhos tecnológicos, o grande fluxo de informações que circula em mídias diversas, a interatividade, a velocidade, o imediatismo, as curtas distâncias. E nesse contexto as mudanças são rápidas, constantes e globais. Essas são algumas características do que podemos chamar de cultura digital.

Um dos desafios do catequista, hoje, é a missão de iniciar na fé as crianças, jovens e adultos dessa geração conectada. Um desafio que pode ser empolgante se forem consideradas as oportunidades. A mensagem de Cristo permanece a mesma, porém, há variados e novos instrumentos, desenvolvidos pela tecnologia, que podem ajudar nessa nobre tarefa de comunicar o Evangelho.

---

64. BENTO XVI. *Redes Sociais: portais de verdade e de fé*; novos espaços de evangelização. Mensagem do Papa Bento XVI para o 47° Dia Mundial das Comunicações Sociais, 2013. Online.

65. CERETTA, S.B. & FROEMMING, L.M. Geração Z: Compreendendo os hábitos de consumo da geração emergente. *RaUNP – Revista Eletrônica do Mestrado Profissional em Administração da Universidade Potiguar*. Online.

Jesus, quando passou por este mundo, amou as pessoas, amou a cultura e usou dos meios disponíveis para chegar até elas. Podemos dizer que nada daquilo que é humano era estranho para ele. Certamente, essa cultura digital em que vivemos, conectados por redes sociais digitais, não passaria despercebida a Jesus. Poderíamos até nos questionar: e se Jesus tivesse um perfil no Facebook ou no Instagram, como ele usaria? Qual seria seu modo de interagir com as pessoas? O que postaria ou compartilharia?

É certo que essa cultura tem modificado o modo como as pessoas se relacionam com os outros, com o mundo e também com Deus. O contexto antropológico, social, político e eclesial interpelam a catequese a pensar novos processos pedagógicos para atingir seus objetivos. Apesar de desafiador, é de muita esperança e de muitas possibilidades.

A missão do catequista é comunicar Jesus aos catequizandos (crianças, jovens ou adultos), iniciá-los no caminho da fé, evangelizar. Dado que a comunicação é um elemento chave dessa missão, é possível contar com os instrumentos que temos à disposição no contexto atual, que serão trabalhados mais adiante neste capítulo. Sendo assim, o cenário é de esperança e não de desespero.

Faz-se necessário, porém, entender tanto a criança e o jovem de hoje, especialmente esses chamados de *geração Z*, quanto os instrumentos de comunicação a nosso dispor. Na mensagem para o Dia Mundial das Comunicações de 2019, o Papa Francisco recorda que as redes sociais digitais são um recurso, que devem "abrir o caminho ao diálogo, ao encontro, ao sorriso, ao carinho"[66]. Assim é que devemos considerar os tantos meios de comunicação: um recurso.

> A presença da Igreja no ambiente digital é incentivada por ser um lugar de testemunho e anúncio do Evangelho. Isso exige que os cristãos presentes na rede consigam ir além dos instrumentos e tomem consciência das mudanças fundamentais que as pessoas e a sociedade experimentam nesse contexto[67].

É importante entender que essa cultura chama-se digital porque a tecnologia possibilitou a conexão de computadores no mundo inteiro por meio de cabos e aparelhos, porém não é a tecnologia que faz a cultura, mas sim as pessoas que estão conectadas por meio da tecnologia. As pessoas são as protagonistas de uma cultura. Termo que é definido como "conjunto de padrões de comportamentos, crenças, costumes, atividades etc. de um grupo social"[68].

Em todas as eras da humanidade, em todos os contextos, Deus sempre se fez presente, e não seria diferente agora, porque onde está o ser humano, ali está Deus. Se as pessoas habitam o ambiente virtual, ali tecem suas relações, buscam informações, expressam ideias, é ali que Deus irá encontrá-las. Assim expressou o Papa Emérito Bento XVI, em 2010, na Exortação Apostólica *Verbum Domini:*

---

66. Diretório de Comunicação da Igreja no Brasil, n. 175.
67. Ibid. n. 175.
68. HOUAISS, A. *Pequeno Dicionário Houaiss da Língua Portuguesa.* São Paulo: Moderna, 2015, p. 277.

> No mundo da internet, que permite que bilhões de imagens apareçam sobre milhões de monitores em todo o mundo, deverá sobressair o rosto de Cristo e ouvir-se a sua voz, porque, se não há espaço para Cristo, não há espaço para o homem[69].

Sendo assim, o catequista de hoje exerce sua missão nessa cultura digital, consciente de que os catequizandos estão imersos nas redes digitais, que moldam seu jeito de pensar, sentir e agir. Portanto, esse espaço digital é lugar de dar testemunho, de anunciar o Evangelho, de promover o encontro verdadeiro com Jesus Cristo.

Talvez, muitas pessoas estejam presentes nas redes digitais buscando encontrar alguém que as olhe e as interpele a sair, assim como Zaqueu, que estava numa árvore à espera de Jesus. Ao ser olhado e interpelado pela palavra de Jesus, desceu depressa para recebê-lo com alegria. Jesus não é indiferente a nenhum lugar onde esteja uma pessoa humana, por isso podemos, por assim dizer, acreditar que ele também esteja navegando pelas redes de internet hoje, dirigindo o olhar para os internautas e dizendo: "[...] desce depressa, pois hoje devo ficar em tua casa" (Lc 19,5).

Você já pensou que a missão do catequista é comunicar? E toda verdadeira comunicação, segundo o Papa Francisco, "só é verdadeiramente eficaz quando se torna testemunho"[70].

Nesse sentido, a presença de um catequista na internet e nas redes sociais digitais deve ser uma extensão de seu testemunho de vida, que é expressão da vida de Cristo.

Você pode fazer uma autoavaliação: O que eu publico ou compartilho em minhas redes sociais? Está de acordo com a verdade sobre mim mesmo, sobre a Igreja e o mundo?

4.3 A INTERNET COMO FONTE DE INFORMAÇÃO

O grande volume de informação disponível na internet hoje, não significa que as pessoas estão mais bem informadas. O processo de aprendizado e absorção do conhecimento não acompanha a velocidade e a quantidade disponível aos sentidos humanos. Se fosse assim, não seria necessário passar anos por escolas até chegar à universidade para se formar, bastaria acessar o conhecimento disponível na internet obter ou denominar-se detentor de uma formação profissional.

Talvez todas as poesias do mundo estejam disponíveis na internet, mas isso não significa que temos mais poetas. Todos os textos bíblicos e exegeses também estão disponíveis, mas quantas pessoas, verdadeiramente, conhecem a Palavra Sagrada? Esse fácil acesso às informações pode nos deixar maravilhados e, de fato, é um grande dom, mas não devemos nos iludir, pois por vezes estamos dentro da maior biblioteca do mundo, olhando milhares de capas sem, sequer, conseguir ler um título.

---

69. VD, n. 113.

70. FRANCISCO. *Discurso do Papa Francisco aos funcionários do Dicastério para a Comunicação*, 2019. Online.

A Igreja reconhece o potencial positivo da internet para divulgar sua mensagem, para se colocar a serviço do bem integral da pessoa e da humanidade. "A Igreja vem fazendo esforços para uma presença cada vez mais efetiva na *web*, mediante portais de notícia, sites e blogs, além das mídias sociais digitais, que favorecem a comunicação e comunhão com o povo de Deus e o diálogo com a sociedade."[71]

São inúmeros os canais oficiais, credíveis, nos quais a Igreja se faz presente na internet, quer seja para divulgar notícias, quer seja para fins de formação e anúncio do Evangelho. Um exemplo disso é o canal oficial da Santa Sé[72], no qual estão disponíveis, em diversos idiomas, os pronunciamentos, cartas, homilias, mensagens, discursos, documentos oficiais do Papa Francisco em texto e, algumas vezes, também em vídeo.

Além do canal da Santa Sé, a Igreja Católica mantém vários outros canais oficiais que podem ser de grande importância para a missão do catequista e demais agentes da iniciação à vida cristã. Vejamos alguns deles:

- **Vatican News**[73]**:** Um portal multimídia, disponível em diversos idiomas, que acompanha a agenda do Papa, transmite ao vivo celebrações importantes, pronunciamentos e encontros. Também traz notícias da Igreja em cada país, conteúdos formativos e de fé. Seu objetivo não é só informar, "mas oferecer uma chave interpretativa à luz do Evangelho"[74]. O conteúdo do portal Vatican News pode ser encontrado também nas redes sociais: Facebook, Instagram, Youtube e Twitter.
- **CNBB**[75]**:** O site oficial da Conferência Nacional dos Bispos do Brasil traz as notícias oficiais do episcopado brasileiro e da vida pastoral da Igreja no Brasil. Além de notícias, também oferece conteúdo formativo, artigos e reflexões. Está disponível nas redes sociais: Facebook, Instagram, Youtube e Twitter.
- **Repam - Rede Eclesial Pan Amazônica**[76]**:** Um portal oficial que trata sobre a vida da Igreja na Amazônia. Em 2019 tivemos um Sínodo Especial para a Amazônia, o que significa que o Papa Francisco convoca a Igreja do mundo inteiro a ter um olhar especial e atento para a Amazônia. Presente também nas redes sociais: Facebook, Instagram, Youtube e Twitter.
- **POM - Pontifícias Obras Missionárias**[77]**:** As Pontifícias Obras Missionárias têm o objetivo de intensificar a animação, a formação e a cooperação missionária em todo o mundo. Seu portal oficial na internet traz informação e conteúdos formativos.
- **Sou Catequista**[78]**:** Um *site* que reúne artigos, apostilas e conteúdos que visam atender as principais necessidades da Pastoral da Catequese. O conteúdo do *site* é colaborativo,

---

71. Diretório de Comunicação da Igreja no Brasil, n. 176.
72. Disponível em: <http://w2.vatican.va/content/vatican/pt.html>
73. Disponível em: <https://www.vaticannews.va/pt.html>
74. QUEM SOMOS. *Vatican News*. Online.
75. Disponível em: <http://www.cnbb.org.br/>
76. Disponível em: <http://repam.org.br/>
77. Disponível em: <http://pom.org.br/>
78. Disponível em: <https://soucatequista.com.br/>

ou seja, é elaborado por catequistas, palestrantes e estudiosos de todo o Brasil. Existe também um aplicativo *Sou catequista*, disponível na *App Store* e no *Google Play*.

- **Catequistas em formação**[79]**:** Um *blog*, administrado por algumas catequistas, que traz artigos, reflexões, partilha de experiências e material catequético. A necessidade constante de formação para catequistas motivou o surgimento do blog em 2011. Em 2020, ele já conta com mais de 5 milhões de acessos.

Esses são alguns canais de comunicação credíveis, dos quais o catequista pode buscar informações sobre a Igreja. Além deles, é importante conhecer o *site* e as redes sociais oficiais da sua própria Arquidiocese ou Diocese e, se houver, também da paróquia. Quando se tem dúvidas sobre algum tema ou assunto, é importante pesquisar em fontes seguras.

A internet e as redes sociais, nos últimos tempos, tornaram-se espaço fácil para disseminar mentiras, as chamadas *fake news* (notícias falsas). Com objetivos políticos, econômicos e ideológicos, essas notícias falsas são construídas para confundir e afastar as pessoas do seu direito à informação verdadeira.

A Igreja não está isenta desse mal. É possível encontrar muitas notícias falsas, interpretações erradas ou tendenciosas sobre a Igreja e seus representantes. E tudo isso, certamente, chega aos catequizandos. Por isso, é uma tarefa importante do catequista saber orientar e ajudar a discernir sobre a verdade do que é encontrado na internet. Por exemplo, algum catequizando pode chegar com a notícia de que o Papa Francisco disse que vai "cancelar a Bíblia e fazer um novo livro". Essa informação viralizou na internet em 2018 e, certamente, confundiu muitas pessoas. Qual seria a atitude do catequista? Aqui se encontraria uma ocasião privilegiada para ajudar o catequizando a refletir, fazendo algumas perguntas: Onde leu essa informação? Quem a escreveu? Está em algum site oficial da Igreja ou saiu em algum jornal impresso ou da TV? É fácil convencê-lo de que a notícia é falsa e orientá-lo a discernir sobre as informações que recebe.

Os agentes da iniciação à vida cristã podem aproveitar a internet como uma ferramenta de formação, de aquisição de informações e de saber, e também aliada em sua missão. É um instrumento com um potencial enorme tanto para fazer o bem quanto para fazer o mal. É você quem decide como vai usá-la.

4.4 O *SMARTPHONE* COMO INSTRUMENTO NA CATEQUESE

Se o ambiente digital é um espaço no qual as crianças e jovens adoram frequentar, a tecnologia favoreceu que eles pudessem estar *online* o tempo todo. Pouco tempo atrás, para acessar a internet era preciso ter um computador conectado por cabos a um *modem* de internet. Agora, com os aparelhos *smartphones* e outros dispositivos é possível ter acesso à internet móvel e permanecer conectado o tempo todo.

79. Disponível em: <http://www.catequistasemformacao.com/>

Alguns teóricos da comunicação deram a essa realidade o nome de *ubiquidade tecnológica*. Significa que a tecnologia está presente o tempo todo no dia a dia das pessoas. O termo ubiquidade é usado na teologia para explicar Deus, que pode estar presente em toda a parte em todo o tempo.

O que um catequista pode fazer diante deste cenário? Ignorar? Proibir por completo o uso de *smartphones* durante os encontros de catequese? De fato, é inegável que esses aparelhos roubam a atenção das crianças, porém é possível integrá-los ao encontro catequético, usando de suas potencialidades. Na Mensagem para o 50º Dia Mundial das Comunicações Sociais, em 2016, o Papa Francisco afirmou: "Não é a tecnologia que determina se a comunicação é autêntica ou não, mas o coração do homem e a sua capacidade de fazer bom uso dos meios ao seu dispor"[80].

A tecnologia está aí ao nosso dispor, com o potencial para fazer o bem ou fazer o mal, para nos ajudar ou nos prejudicar. Nós é que vamos escolher o que fazer com ela. Então, que tal usá-la como aliada na missão catequética? Para isso, é preciso entendê-la, saber das possibilidades e limitações. Conhecer o seu grupo de catequizandos e a realidade de sua paróquia ou comunidade é fundamental. Talvez conversar com os pais e perguntar se a criança ou o jovem tem *smartphone*, se tem acesso móvel à internet, e pedir que deixem seus filhos trazerem os aparelhos para a catequese.

Conhecendo a realidade da própria comunidade e do grupo de catequese é possível traçar um plano estratégico, no qual o *smartphone* será, como o caderno e o manual do itinerário catequético, um instrumento. Ao incentivar os catequizandos a trazer o celular para os encontros se faz necessário estabelecer algumas regras, por exemplo, em quais momentos ele será usado e com quê objetivo. O catequista pode determinar um local no qual os aparelhos devem ficar enquanto o grupo está em momentos de oração, de reflexão da Palavra de Deus, de dinâmica, de recados.

Algumas ideias para integrar o *smartphone* na catequese

1. ***Grupo nas redes sociais:*** Se todos os catequizandos, ou a maioria, tiver acesso à internet e às redes sociais, pode-se criar um grupo da turma, tanto no WhatsApp, quanto no Facebook. Além de ser um canal de comunicação, para transmitir recados e compartilhar informações, pode ser um canal de participação e interação. Por exemplo, que tal fazer um sorteio semanal entre eles, encarregando o sorteado a, diariamente, pesquisar na internet o Evangelho do dia e postar no grupo, também deixando livre para que ele sugira uma atitude concreta para colocá-lo em prática.

Outro modo de utilizar bem um grupo de rede social, para além do encontro de catequese, é estabelecer com os catequizandos um momento de oração diário. O catequista convida que eles partilhem suas intenções de oração ou algum fato do dia e os convida a rezar. Nesse caso, é importante estar atento e valorizar o que cada um trouxer. É uma forma de se fazer próximo e proporcionar a comunhão entre todos. Também, não se pode esquecer das datas de aniversário e acontecimentos importantes da vida dos catequizandos e da comunidade da paróquia.

2. ***O uso da internet*:** Caso a comunidade tenha disponível o acesso à internet ou a maioria dos catequizandos tenha acesso móvel à internet, é possível aproveitar essa condição para

---

80. FRANCISCO. *Comunicação e Misericórdia: um encontro fecundo*. Mensagem do Papa Francisco para o 50° Dia Mundial das Comunicações Sociais. Online.

integrar essa ferramenta no desenvolvimento dos encontros. Assim após trabalhar o tema do encontro, pode-se propor uma pesquisa sobre o assunto na internet, a fim de reunir informações complementares ao tema, como também, trazer algo novo para partilhar ou alguma dúvida que a pesquisa promova para ser discutida.

Aqui já pode ser um momento privilegiado de educação para a comunicação. Se a pesquisa for aberta, muitos encontrarão informações falsas ou duvidosas. Então, caberá ao catequista orientar para o discernimento, para a busca de informações em fontes seguras. Em alguns momentos, ou em determinados assuntos, convém que a pesquisa seja direcionada, indicando qual *site* ou rede social deve ser acessada.

3. *Criação de um álbum fotográfico:* Os aparelhos de *smartphone*, por mais simples que sejam, possuem uma câmera. Então, poderia propor aos catequizandos a construção de um álbum fotográfico dos encontros de catequese. Em cada encontro, responsabilizar alguém para fazer algumas fotos. Esse catequizando pode ser chamado de *paparazzi da catequese*. O catequista seleciona as melhores fotos e armazena no seu celular ou *notebook*. Ao final do período da catequese, um álbum pode ser apresentado ao grupo, em vídeo, *slides* ou até mesmo impresso. O álbum pode servir como um instrumento de oração, avaliação e gratidão pelo caminho percorrido.

4. *Fórum do grupo da catequese:* Pode ser criado um documento compartilhável no Word. Se todos os catequizandos tiverem acesso à internet, ao final de cada encontro, pode-se motivar que cada um escreva uma frase síntese do encontro ou o que mais chamou a sua atenção. Caso nem todos tenham o acesso, o catequista pode motivar cada um a dizer o que está levando do encontro e anotar. O documento será como um diário do grupo de catequese. O catequista pode usar esse material, no final do período, para fazer um momento de gratidão por tudo que aprenderam.

Todas as sugestões acima podem ser aplicadas tanto a crianças, quanto a jovens ou adultos. Com os jovens e adultos ainda é possível ampliar o uso da internet e oferecer-lhes conteúdo formativo que incentive a partilha e o debate.

O *smartphone* não precisa ser visto como um inimigo na missão do catequista, mas como um instrumento que pode, inclusive, ajudar na dinâmica do encontro. O conteúdo da catequese, que visa a iniciação à vida cristã, permanece o mesmo, porém a forma de transmitir muda com o tempo e com as novas invenções tecnológicas. Quando pensamos na Bíblia, por exemplo, a primeira imagem que nos vêm é de um livro impresso. Porém, a mesma Bíblia, sem nenhuma vírgula a menos, pode estar dentro do aparelho celular ou na internet. A plataforma pode sempre mudar, mas não o conteúdo, que é o essencial.

Toda a missão, para ser realizada, exige alguns instrumentos. Pensemos em São Paulo Apóstolo, o missionário que levou o nome de Jesus para os não judeus. Ele fez viagens, para as quais precisou de meios de transporte, escreveu cartas, para as quais precisou de uma pena, tinteiro e papiro. A partir do capítulo 13 do livro dos Atos dos Apóstolos, você pode ler sobre as viagens missionárias de Paulo.
E para a sua missão? Quais instrumentos precisa?

4.5 OS JOGOS E DINÂMICAS NA CATEQUESE

Muito já se falou e se questionou sobre o uso de dinâmicas na catequese. Para alguns, elas tiram o foco daquilo que é essencial, o Evangelho, e de um verdadeiro processo de iniciação à vida cristã. Mas é preciso considerar que o processo catequético exige uma pedagogia que, para atingir seu objetivo, não pode ser uma mera transmissão de conteúdos e informações.

O uso de jogos e atividades lúdicas na catequese, além de dinamizar os encontros, é uma forma de favorecer a assimilação do conteúdo aprendido. Se uma criança somente ouvir o Evangelho do bom pastor, por exemplo, ao chegar em casa ela pode ter esquecido da história e sua mensagem. Mas se ela fizer uma atividade na qual precisar desenhar, montar um quebra-cabeça de uma ovelhinha ou realizar outra atividade manipulativa que envolva os personagens do texto, certamente reunirá dados suficientes para contar por que a fez e explicar a mensagem da história do bom pastor.

Da mesma forma acontece com um jovem ou um adulto. Uma dinâmica pode ser um instrumento de assimilação de um conteúdo, ajudando, até mesmo, na compreensão de temas complexos, como por exemplo, a Santíssima Trindade. Este tema poder ser explorado com dinâmicas que facilmente podem ser encontradas na *internet* e podem contribuir no seu entendimento.

Com a internet, o catequista tem, diante de si, um vasto leque de opções para incentivar sua criatividade. Ao pesquisar no *Google* uma dinâmica ou jogo sobre determinado tema, surgem milhares de possibilidades, basta selecioná-las e adaptá-las à realidade. Os *sites*, já citados anteriormente, direcionados à catequese trazem muitas dinâmicas.

É muito comum, não só para os grupos de catequese, as gincanas bíblicas durante o mês de setembro, mês da Bíblia. Essa modalidade de gincana é uma forma de fazer os catequizandos aprenderem brincando. Uma prática que pode ser facilmente aplicada na catequese, esporadicamente.

Para os grupos de catequese que dispõem de internet e equipamentos de projeção, como *data*show, e nos quais os catequizandos tenham *smartphone*, vale servir-se de jogos *online*. Um dos jogos pedagógicos, utilizado por muitas escolas, é o *Kahoot*[81]. O catequista pode criar um perfil, criar o seu jogo, que funciona como uma gincana. Ele elabora questões com quatro opções de resposta, apenas uma correta. Ao acessar o jogo, que será projetado, é gerada uma senha com a qual os catequizandos terão acesso ao painel das opções de resposta no seu celular, criando um nome de usuário. Quando todos os jogadores respondem, o catequista encerra e aparece um *ranking*, que vai mudando a cada questão.

Este jogo é direcionado a adolescentes e jovens que se divertem testando seus conhecimentos e, consequentemente, aprendendo, mas também pode ser usado com um grupo de adultos. O *site Kahoot* está em inglês, mas há tutoriais no Youtube que ensinam, rapidamente, como criar os jogos e utilizá-los.

Outro recurso que pode ser utilizado na catequese é o aplicativo *Mentimeter*[82]. Ele não é um jogo, mas uma plataforma que proporciona a interação em tempo real por meio de

81. Disponível em: <https://www.kahoot.com/>

82. Disponível em: <https://www.mentimeter.com/>

enquetes, criação de uma nuvem de palavras e coleta de perguntas. O catequista pode assistir alguns tutoriais para aprender a utilizá-los. Em síntese, uma das possibilidades é lançar uma pergunta no aplicativo, a qual deve ser respondida com uma palavra. Por exemplo: *Quem é Jesus para mim?* À medida que os catequizandos forem respondendo no seu celular, no computador do catequista que criou a pergunta (que deve estar projetado), vai sendo formada uma nuvem de palavras. Aquelas palavras que se repetem vão ficando maiores.

Utilizar tais recursos sugeridos é uma forma de explorar e desenvolver a compreensão dos conteúdos do itinerário catequético, apropriando-se dos instrumentos que a cultura digital nos oferece. Como instrumentos eles não podem ser classificados como bons ou ruins, pois tudo depende do uso que faremos deles. O Diretório Nacional da Catequese reconhece a importância de utilizar os meios de comunicação atuais disponíveis na catequese:

> Da Bíblia e da liturgia, aprende-se que Deus não se contenta com a comunicação verbal, mas que se comunica, também e ainda mais eficazmente, por ações e linguagem corporal e simbólica, fortemente marcada pela cultura. Como os meios de comunicação estão intimamente ligados à linguagem corporal, verbal, simbólica, é importante levar em conta a sua linguagem para a catequese, como parte da inculturação da fé no mundo contemporâneo[83].

Uma forma de atrair e envolver os catequizandos é conferir-lhes protagonismo. Quanto aos jogos, digitais ou não, certamente, eles mesmos devem conhecer mais que o catequista. Então, por que não planejar juntos? Fazer um momento de partilha e deixar que eles pesquisem e tragam propostas para enriquecer os encontros de catequese.

4.6 OS VÍDEOS NA CATEQUESE

O avanço tecnológico possibilitou a consolidação do que podemos chamar de uma era digital. É quase impossível analisar a conjuntura atual sem considerar o ambiente digital que, embora não abarque 100% das pessoas, já modificou muito a sociedade.

Uma das características dessa era digital é a convergência das mídias. Um aparelho celular hoje, chamado de *smartphone*, que significa *telefone inteligente*, reúne diversas mídias de comunicação: televisão, rádio, internet, revistas, jornais, livros. É possível acessar um conteúdo em diversos formatos.

Além desse acesso multimidiático num único aparelho, que não à toa é chamado de *inteligente*, também é possível produzir conteúdo. A internet e, especialmente, as redes sociais deram voz e espaço para que uma pessoa comum possa divulgar suas ideias, projetos pessoais ou comunitários. Sites e blogs colaborativos, como o "*sou catequista*" e "*catequistas em formação*" são um exemplo disso, nos quais catequistas de vários locais do Brasil podem partilhar suas experiências.

---

83. DNC, n. 230.

Uma das mídias mais populares do nosso tempo são os vídeos. Os números das estatísticas do Youtube, plataforma exclusiva para vídeos, são gigantescos. Segundo dados do próprio Youtube, diariamente, em todo o mundo, são assistidos mais de um bilhão de horas e mais de 70% das pessoas assistem de dispositivos móveis[84]. Isso sem falar dos vídeos disponíveis no Facebook, no Vimeo, compartilhados no WhatsApp e em outras plataformas.

Certamente, crianças e jovens catequizandos são atraídos por essa mídia de comunicação, que pode ser uma forte aliada da catequese. Podemos recordar que, nos primórdios da Igreja, as pinturas e imagens eram um meio de transmitir a fé às pessoas que não podiam ter acesso à Bíblia. Da mesma forma, os vídeos podem ser um meio eficaz para comunicar a fé. O próprio Papa Francisco tem utilizado dos vídeos para levar a Boa Nova a muitas pessoas. É claro que suas mensagens, catequeses, homilias e pronunciamentos estão disponíveis no *site* do Vaticano, porém, também estão disponíveis em vídeos legendados para vários idiomas, que tem milhares de acessos. Nesse contexto, muitas pessoas preferem assistir ao vídeo a ler a mensagem. Tem sido comum, também, o Papa gravar vídeos espontâneos com mensagens dirigidas a pessoas ou grupos reunidos ao redor do mundo.

Então, o catequista tem, diante de si, uma grande oportunidade de integrar os vídeos na catequese. Claro que a exibição de vídeos nos encontros depende da estrutura da paróquia ou comunidade, se há equipamentos para isso. Mas, ainda assim, há a possibilidade de integrar esse recurso, até mesmo assistindo no celular, em pequenos grupos.

Ao propor o uso de vídeos para a catequese não nos referimos a vídeos longa-metragem, filmes longos, mas sim a pequenos vídeos que tragam uma mensagem consoante ao tema que já está sendo trabalhado. Por exemplo, se, em cada encontro, o catequista quiser trazer uma mensagem breve do Papa Francisco, ele pode buscar no portal *Vatican News*, em português, no *Youtube*. Há inúmeros vídeos, com menos de um minuto, com a palavra do Papa, um trecho de homilia ou de alguma mensagem.

Em alguns dos *sites* citados nesse capítulo também há uma variedade de vídeos, dos quais o conteúdo pode ser útil para os encontros de catequese. A iniciativa de utilizar vídeos vai demandar um pouco mais de tempo para o catequista na preparação dos encontros. É importante ficar atento às fontes dos vídeos escolhidos, verificar por quem foram produzidos, analisar os conteúdos e integrá-los ao assunto do encontro catequético.

Outra forma de propiciar a participação e o protagonismo dos catequizandos é incentivá-los a trazer algum vídeo para o grupo. Se o tema do encontro foi a missão, por exemplo, incentivar os catequizandos a pesquisarem, durante a semana, sobre o testemunho de algum brasileiro que esteja em missão no exterior. Faz-se necessário direcionar a busca, ou seja, sugerir com quais palavras eles podem procurar na internet, a partir da experiência que o próprio catequista já tenha feito.

Como já citamos anteriormente, os *smartphones* atuais permitem que todos sejam, além de consumidores de conteúdo, produtores. Muitos aparelhos possuem câmeras com qualidade de cinema e aqui entramos num dilema. No início da década de 50 surgiu no Brasil um período chamado de *Cinema Novo*, que tinha por lema: *uma câmera na mão e uma ideia na cabeça.*

---

84. DADOS Estatísticos do Youtube. *Youtube*, 2019. Online.

O lema expressava que cineastas criativos podiam produzir filmes com apenas uma câmera. Só que naquela época, muitos tinham ideias, mas não tinham a possibilidade de ter uma câmera na mão. Hoje, as duas coisas são acessíveis. Então, por que não desafiar os catequizandos na produção de vídeos? Algo que seja pensado para o próprio grupo ou para a comunidade, não para ser divulgado na internet. Até porque, tal divulgação implicaria a autorização dos pais, caso sejam menores de idade.

Para essa atividade seria bom planejar com os catequizandos, ouvindo suas ideias, ponderando o que é viável, que não vai exigir uma grande produção, nem uma pós-edição e para quem seria o vídeo. Pode-se conversar com o padre, por exemplo, combinando a exibição do vídeo produzido pelos catequizandos em alguma missa especial da paróquia ou comunidade, como a festa do padroeiro, dia dos pais, das mães, dos avós. Ou então, propor que os catequizandos produzam um vídeo para ser exibido aos seus pais ou responsáveis numa reunião. Ainda, gravar uma mensagem para alguma pessoa da comunidade que esteja doente e não possa vir às missas, dizendo que os catequizandos estão rezando por ela.

Incentivar o protagonismo na produção de vídeos na catequese pode ser uma forma de envolver o catequizando, de cativá-lo para interessar-se mais sobre os conteúdos da fé, atividades da comunidade e assim aproximar-se mais da Igreja. Isto a partir do uso de um recurso que faz parte de sua vida.

As propostas que acabamos de refletir vem ao encontro ao que diz o Diretório de Comunicação da Igreja no Brasil:

> Trata-se de uma formação para a mídia, que leva em conta o potencial das crianças e jovens para que, além de terem uma postura crítica diante dos meios, produzam programas midiáticos e façam uso das tecnologias em seu próprio benefício e em benefício de sua comunidade. É justamente no exercício do uso dos recursos da comunicação, em uma perspectiva diferenciada, que as novas gerações vêm sendo formadas para assumir seu papel social de promotores de uma nova comunicação[85].

4.7 A MÚSICA NA CATEQUESE

Santo Agostinho afirma que "quem canta reza duas vezes". A música é um dos meios que ajuda a nos dirigirmos a Deus e ela, de certa forma, faz parte da tradição da Igreja. As ações litúrgicas se servem de cantos e melodias para as celebrações, e nos mosteiros e conventos a liturgia é inteiramente cantada.

A música foi uma das expressões artísticas rapidamente absorvidas pela cultura digital. Se antes uma pessoa dependia, além de um aparelho, das mídias (vinil, fita cassete, cd) para ouvir músicas, hoje está tudo disponível na rede. Basta um *smartphone* com internet para escutar a música que deseja em qualquer lugar que esteja. Vale ressaltar que a música, o canto, talvez seja uma das expressões de comunicação mais antigas da humanidade.

85. Diretório de Comunicação da Igreja no Brasil, n. 226.

Não é nenhuma novidade o uso da música na catequese. Provavelmente, muitos catequistas já utilizam desse recurso, que é sugerido nos próprios livros e subsídios catequéticos. O que a cultura digital pode favorecer, nesse sentido, é a facilidade de ampliar o leque de possibilidades.

A música se bem usada, pode ser um forte aliado do catequista em sua missão. Ela tem o potencial para alegrar, relaxar, chamar a atenção, envolver e até mesmo ensinar. O catequista precisa estar atento à escolha da música para o encontro, que esteja ligada ao tema central, que não infantilize, se o grupo for de adolescentes ou adultos. Também, se ela é para que os catequizandos aprendam a cantar ou apenas para ouvir, refletir ou ajudar na memorização do tema.

Na seleção das músicas, é importante que o catequista não escolha somente o que está na *moda*, nas *paradas de sucesso* de nossas TVs e mídias católicas, mas músicas que tenham um conteúdo teológico, catequético pastoral, bíblico e até social. Hoje, gravadoras católicas de credibilidade disponibilizam o seu acervo de músicas na internet. Então, as possibilidades são enormes.

Mais do que reproduzir uma música no encontro de catequese, vale também motivar a reflexão. Por exemplo, antes de ouvir a música, apresentar a sua letra e convidar os catequizandos a refletirem sobre a sua mensagem. Pode-se falar sobre a Campanha da Fraternidade a partir do seu hino. Trabalhar um texto bíblico, um sacramento ou valores cristãos a partir de uma música.

Até mesmo cantos não cristãos, como os da música popular brasileira, podem ser utilizados na catequese. Muitas canções populares trazem um conteúdo cristão, sem falar de Deus ou de Jesus Cristo. Um padre testemunhou que se sentiu tocado por Deus e decidiu ir para o seminário quando escutou a música: "Um amor puro", do cantor Djavan. As palavras do refrão foram para ele a voz de Deus a lhe chamar.

Dessa forma, é possível constatar que Deus se serve da linguagem humana para tocar o coração das pessoas. É como disse Jesus a Nicodemos, sobre a ação do Espírito: "O vento sopra onde quer e ouves o seu ruído, mas não sabe de onde vem nem para onde vai. Assim acontece com todo aquele que nasceu do espírito" (Jo 3,8).

Uma das recomendações do Diretório Nacional de Catequese é que os catequistas se utilizem das variadas formas de comunicação em sua missão. No n. 171, deste documento encontram-se três orientações quanto à comunicação que podem contribuir com a prática do catequista. Vale ler e refletir.

a) Capacitar, nos diversos níveis, os catequistas como comunicadores: para que sejam pessoas conhecedoras dos processos da comunicação humana e estejam habilitados a interagir com recursos como músicas, vídeos, teatro e outras linguagens para expressar a fé.

b) Aproximar a catequese dos meios massivos de comunicação, para o desenvolvimento de projetos para catequese à distância, com o adequado uso de recursos e metodologias apropriadas.

c) Incluir, nos programas de catequese, a análise das mensagens produzidas pelos grandes meios, promovendo a leitura desses dados à luz da mensagem evangélica.

4.8 EDUCAR PARA A COMUNICAÇÃO

Os meios de comunicação social são, hoje, parte integrante da sociedade. A evolução tecnológica proporcionou o que chamamos de *era digital, cultura digital, mundo comunicacional.* Esse contexto parece ser um caminho sem volta. De fato, a tecnologia trouxe muitas facilidades e benefícios para a vida das pessoas.

Como já foi dito anteriormente, é preciso estar atento para o fato de que toda a tecnologia, todos os meios de comunicação, são instrumentos, recursos, e não fins em si mesmos. Eles não podem ser classificados como bons ou ruins, pois isso vai depender do uso que o ser humano fizer deles.

É preciso estar consciente de que, assim como um meio tecnológico tem muitas coisas boas, também tem muitos perigos. Ele pode ser usado tanto para o bem, para a promoção da vida, quanto para o mal, para aquilo que fere a dignidade humana. Na internet, assim como posso ter acesso à informação, à verdade, à Palavra de Deus, também posso ter acesso à mentiras, à pornografia e até à possibilidade de cometer crimes. Tudo depende da forma como pretendo usar esse instrumento.

Para tanto, se faz necessário uma educação para a comunicação. Muitos estudiosos estão se debruçando sobre o assunto, que parece ser uma emergência na sociedade atual. As pessoas têm diante de si mesmas uma avalanche diária de informações, imagens e conteúdos, meios tecnológicos cada vez mais velozes e potentes. Nem por isso, estão mais felizes, bem informadas e entendendo o mundo em que vivem.

O Diretório de Comunicação da Igreja no Brasil fala da necessidade de promover uma formação para a comunicação a bispos, presbíteros, diáconos, religiosos, lideranças e comunidades. Essa formação deve ter como meta três objetivos: a educação para processos dialógicos de comunicação; a análise crítica frente aos meios de comunicação e a formação para um uso adequado dos recursos de informação a serviço do bem comum[86].

O catequista é um comunicador. Por isso, se faz necessário entender os processos de comunicação, a cultura digital em que estamos imersos e propiciar que as crianças e jovens façam dela um bom uso. Aqui, enfatizamos o positivo e as inúmeras possibilidades oferecidas pela comunicação para a catequese, mas não podemos ser ingênuos, pois a cultura digital também traz inúmeros perigos. Para isso, é preciso educar e educar-se para a comunicação.

Olhemos para a comunicação de Jesus. Ele gostava de estar com as pessoas, olhar em seus olhos, tocá-las, conversar, fazer perguntas, ensinar por meio de histórias e parábolas. Essa era a forma dele se comunicar. Isso quer dizer que a comunicação não é só transmitir informações, ou seja, o catequista, como detentor do saber, falando e o catequizando apenas escutando. Mas sim, que o processo de evangelização acontece por meio do diálogo.

> A firmeza na fé, a mansidão, a humildade e a caridade são virtudes de um comunicador cristão capaz de gerar um ambiente favorável à partilha da Palavra, no mais essencial gesto de comunicação: o diálogo[87].

86. Cf. Diretório de Comunicação da Igreja no Brasil, n. 213-214.
87. Ibid. n. 216.

Diante da avalanche de informações disponíveis pelos meios de comunicação atuais, as pessoas precisam, cada vez mais, fazer uma leitura crítica de tudo que recebem. Ao catequista, assim como aos demais agentes, é necessário aprender a analisar as mensagens recebidas a fim de ajudar outras pessoas.

Os grandes meios de comunicação e também organizações e pessoas na internet, muitas vezes, têm objetivos comerciais ou ideológicos, para os quais é preciso estar atentos. Eles podem ser sedutores e estar mascarados de mentiras. O catequista, especialmente com os jovens, pode trazer casos concretos para serem analisados e estudados por eles.

Em todos os tópicos sugeridos nesse capítulo que se referem ao uso de recursos para a catequese, se falou sobre o discernimento. O uso da internet, das redes sociais, de jogos, dinâmicas, músicas são recursos que enriquecem a catequese, porém devem ser usados com critério, ser bem selecionados ou, então, podem atrapalhar mais do que ajudar.

Para que isso aconteça, os catequistas precisam ser formados para utilizar tais recursos, o que implica que isso faça parte dos planos pastorais das Igrejas. Uma proposta que vem do Pontifício Conselho para as Comunicações Sociais, de que a Igreja "defina uma política de educação para a comunicação em toda a sua complexidade"[88].

O catequista presta um trabalho voluntário à Igreja, movido por um chamado divino de transmitir a outras pessoas a fé que recebeu. Por isso, é de responsabilidade da Igreja prover sua formação também no âmbito da comunicação, a fim de que possa melhor exercer sua missão.

> A eles deve ser oferecida uma adequada educação para a comunicação, para que possam exercer suas funções pastorais de forma eficiente e crítica. Não se pode esquecer que a evangelização é sempre comunicação, e que toda a vida da Igreja é permeada pela comunicação[89].

A educação para a comunicação é um processo pelo qual o catequista deve passar, a fim de ajudar os catequizandos a absorverem o melhor dessa cultura digital. Por um longo período na história da Igreja, os meios de comunicação foram considerados negativos, e dos quais os fiéis precisavam se proteger. Com o Concílio Vaticano II e o decreto *Inter Mirifica*, os meios de comunicação passaram a ser valorizados, considerados maravilhas do progresso.

> A Igreja, ao valorizar a comunicação, passou a defender o direito de usar esses recursos, inerentes ao direito de comunicar. Além disso, com muita clareza, passou também a estabelecer como meta de seus sistemas educativos uma adequada formação para o convívio com o mundo da comunicação[90].

88. COMISSÃO PONTIFÍCIA DOS MEIOS DE COMUNICAÇÃO SOCIAL. *Communio et progressio*. Instrução Pastoral sobre os meios de comunicação social. São Paulo: Paulinas, 1970, n. 62-72.

89. Diretório de comunicação da Igreja no Brasil, n. 232.

90. Ibid. n. 220.

O Diretório de comunicação da Igreja no Brasil dedica um de seus capítulos sobre a educação para a comunicação. Reproduzimos aqui algumas dentre as dez pistas de ação sobre o assunto apresentadas no diretório, que contribuem para a missão do catequista[91]:

– Exercer uma prática pedagógica que tenha como referência o próprio modo de Jesus se comunicar, no sentido de reforçar o diálogo, ao invés de práticas impositivas, próprias de contextos autoritários.

– Ajudar crianças e jovens a fazer escolhas no seio da família, mediante diálogo e respeito mútuo, para compreender e analisar as produções culturais exibidas pelos meios de comunicação.

– Capacitar em relação às maneiras de se expressar, de aprender e de ensinar, próprias da sociedade em rede.

91. Diretório de comunicação da Igreja no Brasil, n. 236.

ROTEIRO PARA FORMAÇÃO DE CATEQUISTAS

- Incentivar os catequistas a lerem individualmente:
  - Capítulo 4.
  - Número 230: Comunicação e Linguagem na Catequese, do Diretório Nacional de Catequese.
- Reunidos em grupos, partilhar sobre as questões:
  - Qual postura o catequista é chamado a assumir nessa cultura digital?
  - Das sugestões práticas indicadas no capítulo 4, quais são possíveis aplicar ao meu grupo de catequese?
  - Como podemos inserir recursos da cultura digital (uso do *smartphone*, da internet, jogos, dinâmicas, vídeos, músicas) no planejamento da catequese?

ROTEIRO PARA LEITURA ORANTE

Propõe-se uma leitura orante de Lc 5,1-11, conduzida por um dirigente. Procurar criar um clima de oração e conduzir a meditação – oração de forma pausada, lenta, fazendo pausas entre perguntas e preces.

- Preparação: fazer silêncio exterior e interior, fechar os olhos, respirar profundamente algumas vezes, cantar um refrão meditativo.
- Invocação do Espírito Santo: oração ou canto.
- Leitura do Texto Lc 5,1-11.
- Motivações para meditação pessoal (dar pausas para meditação silenciosa):
  - Uma multidão sedenta queria ouvir a Palavra de Deus e Jesus usou o barco como uma cátedra para ensinar-lhes. Depois usou os instrumentos de trabalho chamando os discípulos para segui-lo. Ele se utilizou dos recursos que tinha à disposição para a iniciação à vida cristã: o barco e a rede.
  - Traga à memória os inúmeros instrumentos disponíveis para a sua missão hoje. Alguns foram apresentados e sugeridos nesse capítulo.
  - Escute Jesus a lhe dizer: "Avança mais para o fundo, e ali lançai vossas redes para a pesca" (Lc 5,4). Não pense aqui somente na rede de pescaria, mas nas suas redes sociais. Você confia na palavra de Jesus?
  - Os discípulos deixaram os barcos e a rede, deixaram tudo; e seguiram Jesus. Os instrumentos não são o fim, mas sim Jesus. Ele é o centro da sua vida?

- Oração (fazer pausas para oração silenciosa):
  - O que o Espírito me leva a pedir a Deus?
  - O que o Espírito me leva a agradecer?
- Conclusão: canto à escolha.

CONCLUSÃO

O mundo comunicacional está aí. As interrelações digitais, o emaranhado de fios e de conexões, as novas tecnologias, as mídias. Um processo irreversível nos desafia. Apresentamos aqui pistas diante da ambiguidade desse mundo: descortinam-se oportunidades e desafios. Surgem novos sinais dos tempos, bem como a necessidade de discernimento.

Diante das mudanças rápidas e intensas, é comum certo desalento. Os agentes da iniciação à vida cristã são desafiados e também são *produtos* da mudança de época. A situação dos evangelizadores pode ser comparada à situação em que se encontravam os discípulos de Emaús (cf. Lc 24,13ss.). Havia dois peregrinos que aproveitaram a aproximação daquele forasteiro para contar que estavam tristes e desorientados no caminho. Caminhavam para Emaús, deixavam Jerusalém, sinal de que não esperavam mais nada. Eis que a partilha, na verdade o desabafo de sentimentos, seria o preâmbulo de uma experiência de encontro que se deu pela escuta da Palavra e pela fração do pão. Então, os corações se abrasaram e os olhos se abriram. Portanto, o Senhor não nos deixa no caminho da lamúria, mas devolve o sentido da estrada. Depois da experiência de encontro com o Senhor ressuscitado, a estrada continuou a mesma, mas o sentido mudou: não mais de Jerusalém a Emaús, mas de Emaús a Jerusalém, sinal que tudo se fez novo, de que a esperança voltou.

Também nós nos encontramos numa estrada. Todos estão inseridos nesse mundo comunicacional, digital e interconectados, mergulhados em suas ambiguidades. Porém, cada evangelizador pode fazer o caminho do desalento ou o caminho da esperança. Somente os que abrasaram os corações e reconheceram o Senhor na fração do pão puderam testemunhar aos seus irmãos. A vida cristã vive de relatos, de partilhas de experiências.

A catequese inserida no processo de iniciação à vida cristã é um caminho longo. Nessa estrada, serão necessários catequistas e agentes que sejam, antes de tudo, discípulos que fizeram uma experiência com o Senhor. Que possamos seguir longe das lamúrias, dos ressentimentos, e mais próximos do anúncio alegre e motivados pela esperança

REFERÊNCIAS

AGASSO JR. D. Do "like" ao "amém", perigos e vantagens da internet, segundo Francisco. *IHU*, jan.2019. Disponível em: <http://www.ihu.unisinos.br/78-noticias/586306-do-like-ao-amem-perigos-e-vantagens-da-internet-segundo-francisco. Acesso em: 11 de outubro de 2019.

BAITELLO JUNIOR, N. *A era da iconofagia:* Reflexões sobre imagem, comunicação, mídia e cultura. São Paulo: Paulus, 2014.

BARBAGLIO, G. *As cartas de Paulo – I*: tradução e comentários. São Paulo: Loyola, 1989.

BENTO XVI. *Carta Encíclica Deus Caritas Est*; do Sumo Pontífice aos bispos, aos presbíteros e aos diáconos, às pessoas consagradas e a todos os fiéis leigos sobre o amor cristão. São Paulo: Paulus/Loyola; Citá del Vaticano: Vaticana, 2006.

______. *Jesus de Nazaré*: primeira parte. Do batismo do Jordão à transfiguração. São Paulo: Planeta do Brasil, 2007.

______. *Verbum Domini*. Exortação Apostólica Pós-Sinodal sobre a Palavra de Deus, na vida e na missão da Igreja. São Paulo: Paulinas, 2010.

BOFF, C. *Introdução à Mariologia*. Petrópolis: Vozes, 2004.

BOFF, L. *Jesus Cristo libertador*. Petrópolis: Vozes, 1972.

BOMBONATTO, V.I. (org). *Teologia e comunicação*: corpo, palavras e interfaces cibernéticas. São Paulo: Paulinas, 2011.

BRIGGS, A. BURKE, P. *Uma história social da mídia:* de Gutemberg à internet. Rio de Janeiro: Zahar, 2006.

CAMPO, A. Internet: In: MARCONDES FILHO, C. (org). *Dicionário da Comunicação*. 2ª Edição revista e ampliada. São Paulo: Paulus, 2014.

CASTILLO, J.M. *A ética de Cristo*. São Paulo: Loyola, 2010.

______.*El Reino de Dios* – Por la vida y la dignidad de los seres humanos. Bilbao: Desclée De Brouwer, 2010.

______. *Jesus:* a humanização de Deus. Ensaio de cristologia. Petrópolis: Vozes, 2015.

CELAM. *Documento de Aparecida;* texto conclusivo da V Conferência Geral do Episcopado Latino-Americano e do Caribe: 13-31 de maio de 2007. Brasília: CNBB; São Paulo: Paulinas, 2007.

______. *Manual de catequética.* São Paulo: Paulus, 2007.

CERETTA, S.B. & FROEMMING, L.M. Geração Z: Compreendendo os hábitos de consumo da geração emergente. *RaUNP – Revista Eletrônica do Mestrado Profissional em Administração da Universidade Potiguar.* Natal, v. 3, n. 2, dez. 2011. Disponível em: <file:///D:/Documents/Dom%20M%C3%A1rio%20Spaki/Outubro%20-%20Viver%20a%20 Palavra/70-Texto%20do%20artigo-325-1-10-20111226.pdf>. Acesso em: 19 de outubro de 2019.

CLEMENT, J. Most famous social network sites 2019 byactiveusers. *Statista,* 2019. Disponível em: <https://www.statista.com/statistics/272014/global-social-networks-ranked-by-number-of-users/>. Acesso em: 19 de outubro de 2019.

CNBB. *Catequese Renovada*: orientações e conteúdo. São Paulo: Paulinas, 1983. (Documentos da CNBB n. 26).

______.*Diretório de comunicação da Igreja no Brasil.* Documento n. 99. Brasília: Edições CNBB, 2017.

______.*Diretório Nacional de Catequese.* Brasília: Edições CNBB, 2006. (Publicações da CNBB: Documento 1).

COMISSÃO PONTIFÍCIA DOS MEIOS DE COMUNICAÇÃO SOCIAL. *Communio et progressio.* Instrução Pastoral sobre os meios de comunicação social. São Paulo: Paulinas, 1970.

CONGREGAÇÃO PARA O CLERO. *Diretório Geral para a Catequese.* São Paulo: Loyola, 1998.

CONSTITUIÇÃO PASTORAL GAUDIUM ET SPES. In: KLOPPENBURG, B. (org). *Compêndio do Vaticano II:* Constituições, decretos e declarações. 25. ed. Petrópolis: Vozes, 1996.

CORTELLA, M.: "Alguns navegam na internet. Boa parte naufraga.". *Pensar Contemporâneo.* Disponível em: <https://www.pensarcontemporaneo.com/conteudo-e-conhecimento-por-mario-sergio-cortella/>. Acesso em: 11 de outubro de 2019.

DADOS Estatísticos do Youtube. *Youtube,* 2019. Disponível em: <https://www.youtube.com/intl/pt-BR/about/press/>. Acesso em 16 de outubro de 2019.

DE MASI, D. *O ócio criativo*. São Paulo: Sextante, 2000.

FLECHA, J.R. Elias: a fé em tempos de crise. In: ALEGRE ARAGÜÉS, J. et al. *Personagens do Antigo Testamento* – volume I. São Paulo: Loyola, 2002.

______. Moisés: a necessidade dos líderes sociais. In: ALEGRE ARAGÜÉS, J. et al. *Personagens do Antigo Testamento* – volume I. São Paulo: Loyola, 2002.

FRANCISCO. *Comunicação ao serviço de uma autêntica cultura do encontro.* Mensagem do Santo Padre Francisco para o XLVIII Dia Mundial das Comunicações Sociais, 2014. Disponível em: <http://w2.vatican.va/content/francesco/pt/messages/communications/documents/papa-francesco_201401 24_messaggio-comunicazioni-sociali.html>. Acesso em: 11 de outubro de 2019.

______. *Comunicação e Misericórdia: um encontro fecundo*. Mensagem do Papa Francisco para o 50° Dia Mundial das Comunicações Sociais, 2016. Disponível em: <http://www.cnbb.org.br/santa-se-divulga-mensagem-para-o-50-dia-mundial-das-comunicacoes-sociais/>. Acesso em: 11 de outubro de 2019.

______. *Discurso do Papa Francisco aos funcionários do Dicastério para a Comunicação,* 2019. Disponível em: <http://w2.vatican.va/content/francesco/pt/speeches/2019/september/documents/papa-francesco_20190923_dicastero-comunicazione.html>. Acesso em: 19 de outubro de 2019.

______. *Evangelii Gaudium*: Exortação Apostólica sobre o anúncio do Evangelho no mundo atual. Brasília: CNBB, 2013.

______. *Gaudete et Exsultate*: Exortação Apostólica sobre o chamado à santidade no mundo atual. Brasília: CNBB, 2018.

GEISELMANN, J.R. Revelação. In: FRIES, H. *Dicionário de teologia:* conceitos fundamentais de teologia atual. São Paulo: Loyola, 1987.

GESCHÉ, A. *Deus*. São Paulo: Paulinas, 2003.

GIDDENS, A. *Un mundo desbocado:* los efectos de la globalización en nuestras vidas. Madri: Taurus, 2002.

GUTIÉRREZ, G. *Teologia da libertação*. Petrópolis: Vozes, 1975.

HOUAISS, A. *Pequeno Dicionário Houaiss da Língua Portuguesa*. São Paulo: Moderna, 2015.

JOÃO PAULO II. A *catequese hoje* – Exortação Apostólica *Catechesi Tradendae*. São Paulo: Paulinas, 1982.

______. *A validade permanente do Mandato Missionário*. Carta Encíclica *Redemptores Missio*. São Paulo: Paulinas, 1990.

KEMP, S. Digital in 2018: World's internet users pass the 4 billion mark. *We are social,* 2018. Disponível em: https://wearesocial.com/blog/2018/01/global-digital-report-2018>. Acesso em 19 de outubro de 2019.

LACOSTE, J.-Y. *Dicionário Crítico de Teologia*. São Paulo: Paulinas/ Loyola, 2004.

LIBANIO, J. B. *Um outro olhar*. Coletânea de Homilias de J.B. Libânio. Disponível em: <http://jblibanio.org.br/homilias/um-outro-olhar>. Acesso em: 10 de outubro de 2019.

MESTERS, C. *Com Jesus na contramão*. São Paulo: Paulinas, 2013.

______. *Deus, onde estás?* Uma introdução prática à Bíblia. Petrópolis: Vozes, 1987.

MIRANDA, M.F. O Cristianismo entre o próximo e o distante no processo comunicativo. In: ALTEMEYER Jr., F. & BOMBONATTO, V. I (org). *Teologia e comunicação:* corpo, palavras e interfaces cibernéticas. São Paulo: Paulinas, 2011.

MOINGT, J. *Deus que vem ao homem* – Da aparição ao nascimento de Deus. Vol II – Nascimento. São Paulo: Loyola 2012.

______. *Deus que vem ao homem* – Da aparição ao nascimento de Deus. Vol. II – Aparição. São Paulo: Loyola, 2010.

MORÁS, F. *As correntes contemporâneas da catequese*. Petrópolis: Vozes, 2004.

NENTWIG, R. A catequese em tempos de nova evangelização. *Revista de Catequese*, ano 37, n. 143, jan/jun. São Paulo: Unisal, 2014.

NOUWEN, H.J.M. *Crescer*: Os três movimentos da vida espiritual. São Paulo: Paulinas, 2000.

PAGOLA, J.A. *Jesus:* aproximação histórica. Petrópolis: Vozes, 2010.

PAULO VI. *Constituição dogmática Dei Verbum sobre a Revelação Divina*. In: KLOPPENBURG, B. (org). *Compêndio do Vaticano II* – Constituições, decretos e declarações. 25. ed. Petrópolis: Vozes, 1996.

PONDÉ, L.F. *A era do ressentimento*: Uma agenda para o contemporâneo. São Paulo: LeYa, 2014.

QUEM SOMOS. *Vatican News*. Disponível em:<https://www.vaticannews.va/pt/quem-somos.html>. Acesso em: 18 de outubro de 2019.

ROSENBERG, M.B. *Comunicação não-violenta*: técnicas para aprimorar relacionamentos pessoais e profissionais. São Paulo: Ágora, 2006.

SBARDELOTTO, M. *E o Verbo se fez rede* – Religiosidade em reconstrução no ambiente virtual. São Paulo: Paulinas, 2017.

SCHÖKEL, L.A. Qohélet: um pós-moderno na Antiguidade? In: ALEGRE ARAGÜÉS, J. et al. *Personagens do Antigo Testamento* – Volume II. São Paulo: Loyola, 2004.

SOCIEDADE DE CATEQUESTAS LATINO-AMERICANOS – SCALA. *Linguagens da cultura midiática e catequese*. São Paulo: Salesiana, 2001.

SPADARO, A. *Ciberteologia* – Pensar o cristianismo nos tempos da rede. São Paulo: Paulinas, 2012.

TOLENTINO, J. *A mística do instante*. São Paulo: Paulinas, 2016.